KOREAN PRONUNCIATION GUIDE

How to Sound Like a Korean

DARAKWON

KOREAN PRONUNCIATION GUIDE

Written by	Kim Jimin, Yoon Shinae, Lee Eunju
Translated by	Noh Sooyeon
First Published	July 2017
3rd Printing	September 2025
Publisher	Chung Kyudo
Editors	Lee Suk-hee, Sohn YeoRam, Park Inkyung
Designer	Kwon Jinhee
Proofread by	Michael A. Putlack
Illustrated by	Hwang Seong-wook
Voice Actors	Kim Rae-whan, Shin So-yun, Arius M. Derr

DARAKWON Published by Darakwon Inc.
Darakwon Bldg., 211 Munbal-ro, Paju-si,
Gyeonggi-do, 10881 Republic of Korea
Tel: 02-736-2031
(Marketing Dept. ext.: 250~252 Editorial Dept. ext.: 420~426)
Fax: 02-732-2037

Copyright © 2017, Kim Jimin, Yoon Shinae, Lee Eunju

All rights reserved. No part of this publication may be reproduced, stored in a retrieval system, or transmitted in any form or by any means, electronic, mechanical, photocopying, or otherwise, without the prior consent of the copyright owner. Refund after purchase is possible only according to the company regulations. Contact the Editorial Department at the above telephone number for any inquiries. Consumer damages caused by loss, damage, etc.can be compensated according to the consumer dispute resolution standards announced by the Korea Fair Trade Commission.
An incorrectly collated book will be exchanged.

ISBN: 978-89-277-3183-2 18710

http://www.darakwon.co.kr
http://koreanbooks.darakwon.co.kr

※ Visit the Darakwon homepage to learn about our other publications and promotions and to download the contents in MP3 format.

KOREAN PRONUNCIATION GUIDE

+ Kim Jimin
+ Yoon Shinae
+ Lee Eunju

머리말

외국어로 말을 할 때 발음은 의사소통에 큰 영향을 미친다. 학습자가 일상에서 말할 때 좋은 발음은 자신감을 키워 주는 것은 물론 각종 시험 대비에 꼭 필요한 듣기 능력을 향상 하는 데에도 도움을 주는 영역이다. 요즘은 점차 책이나 미디어를 통해 혼자서 한국어를 공부하는 학생들이 늘고 있다. 또한 외국에서 한국어를 처음 배우기 시작할 때 한국 사람이 아닌 외국인 교사에게서 한국어를 배우는 사람도 많아지고 있다. 이럴 때 어떻게 해야 한국어 발음을 정확하게 할 수 있는지, 어떤 억양과 발음에 주의해야 하는지, 실제 말소리가 글자와 다르게 발음되는 이유가 궁금할 때 바로 찾아볼 만한 외국인 학습자를 위한 한국어 발음 가이드북의 필요성이 제기되고 있다. 하지만 시중에 문법·어휘나 시험 대비를 위한 교재는 많은 반면, 이론서 외에 학습자가 발음 규칙을 익히고 낭독 연습을 하기 위한 발음 교재는 구하기가 어려운 실정이다.

이에 "Korean Pronunciation Guide: How to Sound Like a Korean"은 한국어 학습자들이 혼자서도 발음 규칙을 공부할 수 있도록 구성되었고, 발음의 중요성을 느끼지만 주 교재에 관련 내용이 충분하지 않아 어려움을 느끼는 교사들이 실제 교육 현장에서 활용할 수 있도록 만들어졌다.

이 책은 기본편인 "Basic Korean Pronunciation"과 규칙편인 "Pronunciation Rules" 그리고 낭독편인 "Reading Practice"로 나누어져 있는데 기본편에서는 한국어의 모음, 자음, 받침, 연음을 설명하여 기초적인 한국어 자모를 발음할 때의 특징을 익힐 수 있도록 구성했다. 규칙편에서는 한국어에서 글자대로 발음되지 않는 경우의 발음 규칙들을 알기 쉽게 설명하고, 예시와 대화문을 통해 정확한 발음 연습을 할 수 있도록 하였다. 낭독편에 들어가기 전, 낭독 준비편에서는 한국어 문장을 읽을 때 주의해야 할 억양을 소개하였다. 낭독편은 학습자들이 한국 문화에 대해 흥미를 가질 수 있도록 다양하고 실제적인 주제를 담은 각 10편의 구어체와 문어체의 낭독문으로 구성하였으며, 앞에서 배운 발음 규칙을 활용하여 낭독 연습을 함으로써 유창성을 높일 수 있게 하였다.

한국어를 익히는 데 꼭 필요한 발음 규칙을 이해하고 충분히 연습하기 원하는 학습자들이 자연스럽고 정확한 발음과 억양으로 한국어를 말할 수 있도록 이 책이 최고의 길 안내자 역할을 할 수 있기를 바란다. 마지막으로 좋은 책이 나올 수 있도록 수고해 주신 모든 분들께 감사드린다.

김지민, 윤신애, 이은주

Preface

When speaking in a foreign language, pronunciation greatly influences the flow of communication. Pronunciation is an important tool that not only builds confidence when speaking in everyday situations but also helps improve listening comprehension skills that are essential when preparing for various language tests. Recently, there has been an increase in the number of students who teach themselves Korean through the media or braille books. In addition when learning Korean for the first time outside Korea, there are more people who learn Korean from a non-Korean teacher rather than from a Korean. In these cases, when the learner is curious to know how to accurately pronounce Korean, what kind of intonation and pronunciation the learner must pay special attention to, and why a word is pronounced differently from the way it is spelled, the learner needs a Korean pronunciation guide book for foreigners to refer to immediately. However, although there are a lot of textbooks about grammar, vocabulary, and test preparations on the market, there are very few books regarding pronunciation not just for theory but for the learner to learn the rules in pronunciation and to practice reading aloud.

For this purpose, *Korean Pronunciation Guide: How to Sound Like a Korean* was put together to enable learners of the Korean language to study pronunciation rules by themselves. It was also made so that teachers of Korean, who know the importance of pronunciation but encounter difficulties in teaching it because of the lack of contents in their main textbooks, could use this book in educational practice.

This book consists of Basic Korean Pronunciation, Pronunciation Rules, and Reading Practice. In Basic Korean Pronunciation, vowels, consonants, final consonants, and liaison are explained so that students can learn the basic Korean alphabet and its pronunciation characteristics. In Pronunciation Rules, the pronunciation rules of when the Korean word is not pronounced as it is written are explained in an easy manner. Through conversation and the exercise sections, the learner can pronounce Korean more accurately. In Preparations of Reading, intonations that the learner must pay special attention to when reading a Korean sentence are introduced. In Reading Practice, 10 colloquial style passages and 10 written style passages with various and practical themes are presented to boost the learner's interest in Korean culture. In this section, the pronunciation rules presented earlier are reviewed, the speed of reading is checked, and the learner is led to read the passage several times to enhance fluency.

We hope that this book will become the best guide in helping learners who wish to understand pronunciation rules, which are essential to learning Korean, and to practice them sufficiently to speak Korean with a natural and accurate pronunciation and intonation. Lastly, we thank all the people who have worked hard to create this book.

Kim Jimin, Yoon Shinae, Lee Eunju

이 책의 구성과 활용

Part I BASIC KOREAN PRONUNCIATION

한국어의 모음, 자음, 받침의 발음 방법과 연음에 대해서 설명하여 한국어의 발음을 이해할 수 있도록 하였다. 또한 따라 읽으며 정확한 발음을 익히고 연습 문제를 통해 확인하도록 하였다.

각 녹음 음성 파일을 QR 코드로 제공하여 명확한 발음과 속도를 바로 확인할 수 있으며 다락원 홈페이지에서도 MP3 파일을 모두 다운받을 수 있습니다.

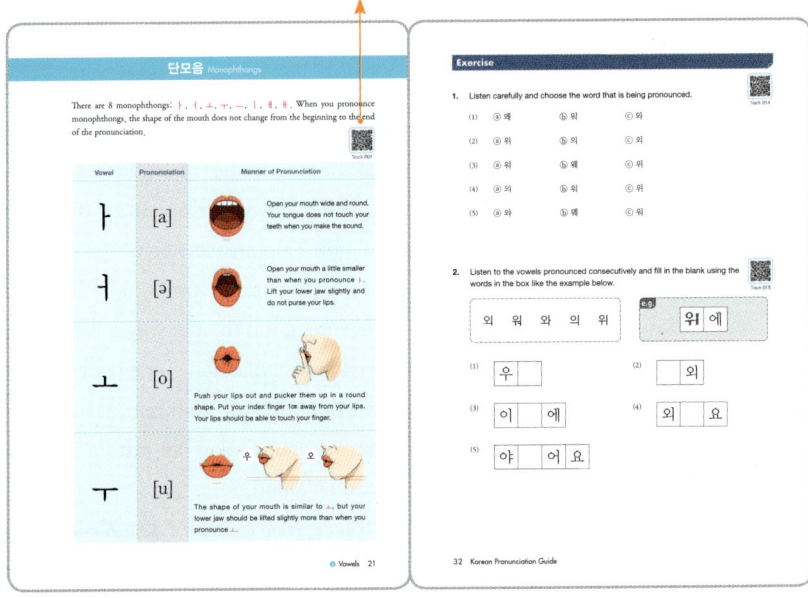

Part II PRONUNCIATION RULES

제목
각 과의 발음 규칙이 적용되는 단어를 제목으로 제시해서 목표 발음 규칙을 기억하기 쉽도록 하였다.

대화
대화문을 통해 학습할 발음 규칙에 해당하는 단어들을 자연스럽게 들어 볼 수 있도록 하였다. 또한 단어의 올바른 발음을 보여 주어 학습자가 대화문을 들으면서 발음을 확인할 수 있도록 하였다.

발음 규칙
- 제목으로 제시한 단어가 왜 그렇게 발음되는지 간단히 설명하였다.
- 발음 규칙이 적용되는 여러 상황을 분류하여 설명하고 그 예를 제시하였다.

따라 읽기

앞에서 설명한 발음 규칙에 해당하는 단어들을 듣고 따라 한 후 문장으로 확장하여 연습할 수 있게 하였다.

연습

다양한 연습 문제를 제시하여 학습자가 발음 규칙을 잘 이해했는지 확인하고 정확하게 발음을 구별할 수 있도록 하였다. 그리고 학습한 발음 규칙을 활용하여 말해 볼 수 있도록 하였다.

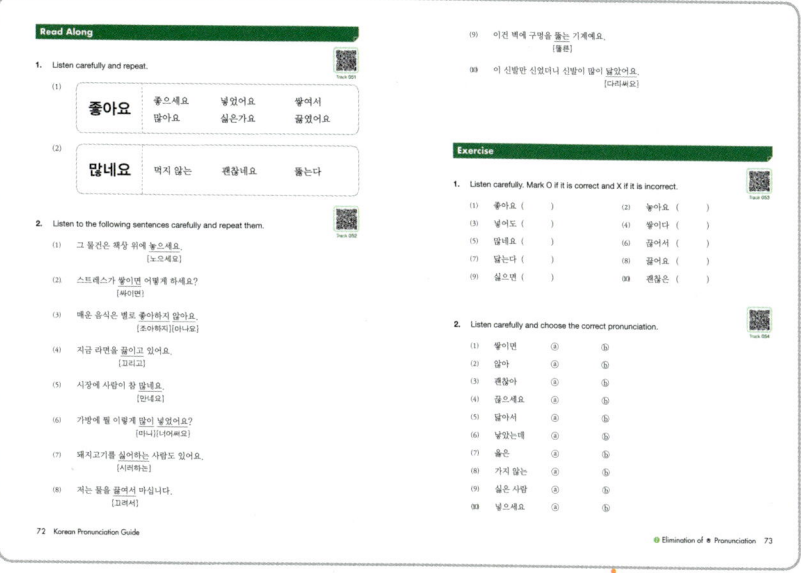

Part III READING PRACTICE

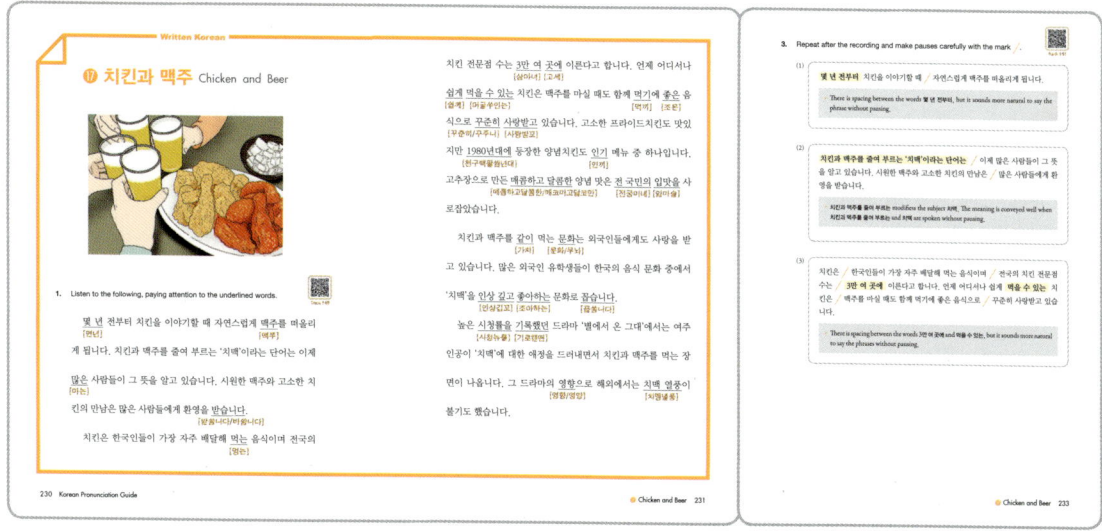

다양한 주제의 글과 대화문에서 단어가 어떻게 발음되는지 확인하고 학습한 발음 규칙에 해당하는 단어들을 따라 읽으며 연습할 수 있도록 하였다. 또한 제시된 글을 자연스럽게 읽을 수 있도록 끊어 읽을 곳을 표시하였고 억양 및 주의해야 할 점을 설명하여 정확하고 자연스럽게 낭독할 수 있도록 하였다. 마지막으로 낭독 속도를 제시하여 학습자들이 적절한 속도로 낭독하는 데에 도움을 주고자 하였다.

★ Part 1~ Part 3에 나온 설명은 한국어로 읽을 수 있도록 '한국어 설명'을 부록에 따로 제시하였다.

How to Use This Book

Part I BASIC KOREAN PRONUNCIATION

The way to pronounce vowels, consonants, and final consonants is presented, and liaison is explained so that students can understand the pronunciation of Korean. Students can also listen to and read along with the passage, learning accurate pronunciation and checking it through exercises.

In addition, learners can confirm the precise pronunciation and speed of the dialogue through the audio recordings, which can be accessed by scanning the provided QR codes. All MP3 Files can also be downloaded from the Darakwon homepage.

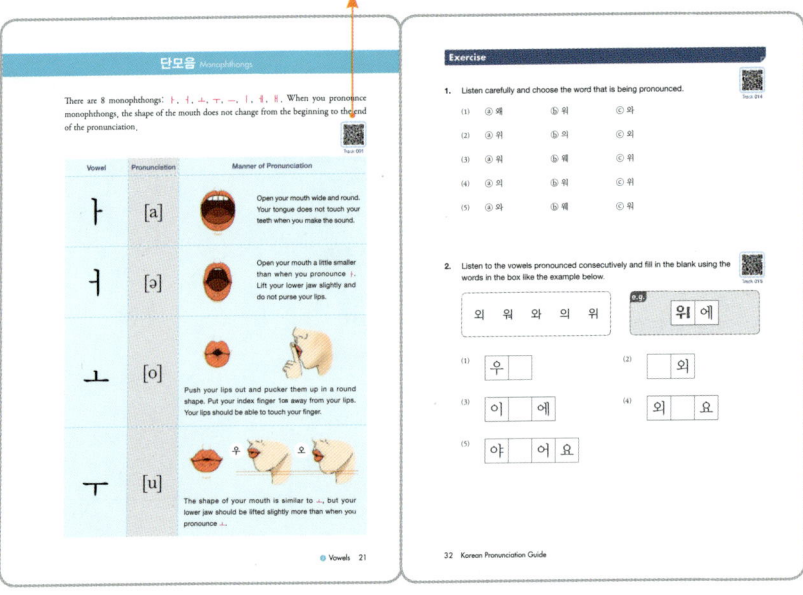

Part II PRONUNCIATION RULES

Title

The word that the pronunciation rule is applied to in each chapter is presented as the title so that learners can remember the target pronunciation rule easily.

Conversation

Through the conversation passage, learners can naturally hear the words for which the target pronunciation rule is applied. In addition, the correct pronunciation of the word is laid out so that the learner can check the pronunciation while listening to the conversation passage.

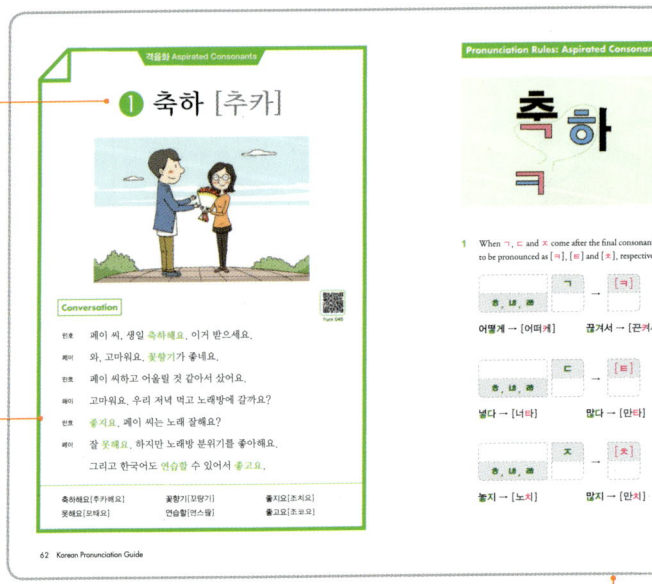

Pronunciation Rule

- A simple explanation is given regarding why the word presented as the title is pronounced in such a manner.
- Various occasions where this pronunciation rule is applied are provided with explanations and examples.

Read Along

After listening to the words that apply to the pronunciation rule explained earlier, the learner can repeat after the pronunciation, expand it into a sentence, and practice it.

Exercise

Through various exercises, the learner can check to see if he or she has understood the pronunciation rule well in addition to being able to differentiate pronunciations accurately. The exercises also allow the learner to speak utilizing the learned pronunciation rule.

Part III READING PRACTICE

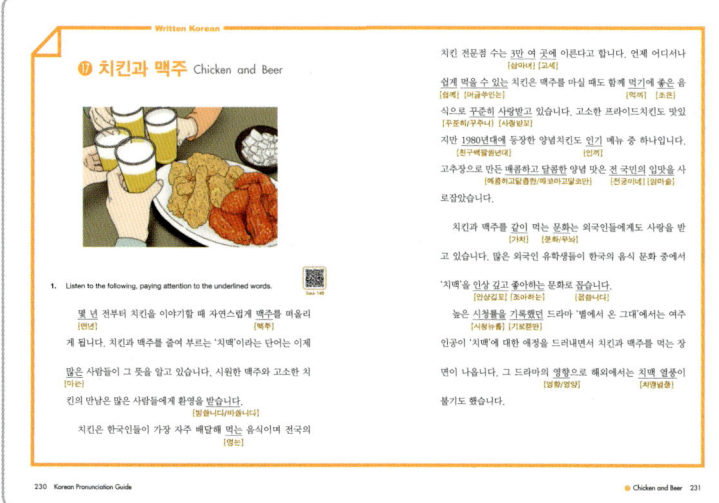

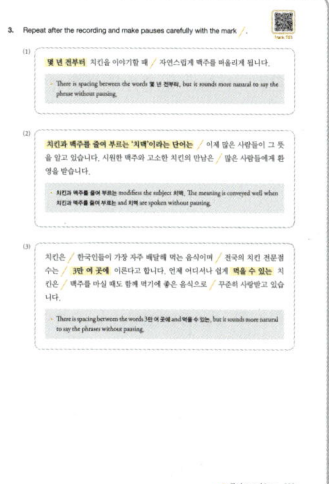

The learner can check how words are pronounced in articles and conversation passages of various themes, listen to and repeat the words that apply to the target pronunciation rule, and practice them.
In order to read the passages naturally, places where the learner must pause in the sentence are marked, and explanations on intonation and parts where the learner must pay special attention are presented so that the learner can read accurately and naturally. Lastly, the speed with which learners should read the passage is presented to help learners read the passage at the appropriate speed.

★ Korean translations of the explanations that appear in Part 1~Part 3 have been included in the appendix, so you can also read them in Korean.

Contents

머리말 Preface 4
이 책의 구성과 활용 How to Use This Book 6
목차 Contents 10
한국어 발음 소개 An Overview of Korean Pronunciation 13

Part I. 기본 발음 BASIC KOREAN PRONUNCIATION

1. 모음 Vowels 20
2. 자음 Consonants 33
3. 받침 Final Consonants 45
4. 연음 Liaison 53

Part II. 발음 규칙 PRONUNCIATION RULES

1. 격음화 Aspirated Consonants: 축하 [추카] 62
2. ㅎ 발음 탈락 Elimination of ㅎ Pronunciation: 괜찮아요 [괜차나요] ... 70
3. 경음화 Fortis Articulation: 식당 [식땅] 76
4. 구개음화 Palatalization: 같이 [가치] 86
5. 비음화 Nasalization ①: 박물관 [방물관] 92
6. 비음화 Nasalization ②: 정류장 [정뉴장] 100
7. 비음화 Nasalization ③: 대학로 [대항노] 106
8. 유음화 Liquidization: 설날 [설랄] 112
9. ㄴ 첨가 Addition of ㄴ: 시청역 [시청녁] 120

Part III. 낭독 연습 READING PRACTICE

낭독 준비 Preparations for Reading 130

Colloquial Speech

1. 봉사 활동 Volunteering 142
2. [Interview 1] 취업 준비생 Job Seeker 147
3. 영화 '괴물' *The Host* 152
4. 남이섬 Nami Island 157
5. 스트레칭 Stretching 163
6. [Interview 2] 영화감독 Film Director 169
7. 광장 시장 Gwangjang Market 174
8. [Interview 3] 면접 Job Interview 180
9. 일기 예보 Weather Forecast 186
10. 상담 Counseling 191

Written Korean

11. 커피 Coffee 197
12. 한국 드라마 Korean Drama 203
13. 포장마차 *Pojangmacha* (Cart Bar) 208
14. 팥빙수 *Patbingsu* 213
15. 군대 Military 219
16. 야구 응원 문화 Cheering for Baseball 224
17. 치킨과 맥주 Chicken and Beer 230
18. 요리하는 남자 A Man Who Cooks 236
19. 아줌마 파마 *Ajumma* Perm 242
20. 데이 문화 Day Culture 248

부록 APPENDIX

정답 Answers 256
영어 번역 English Translations 259
한국어 설명 Explanations in Korean 268
한글표 Hangeul Table 276
숫자 읽기 Reading Numbers 277
색인 Index 279

An OVERVIEW of KOREAN PRONUNCIATION

Vowels and Consonants of Korean

When we make sounds to speak, the air that comes up from the lungs passes through the speech organs and discharges through the nose and mouth. These sounds, when pronounced, are divided into vowels and consonants depending on whether the articulators block the passage of air or not.

Speech Organs

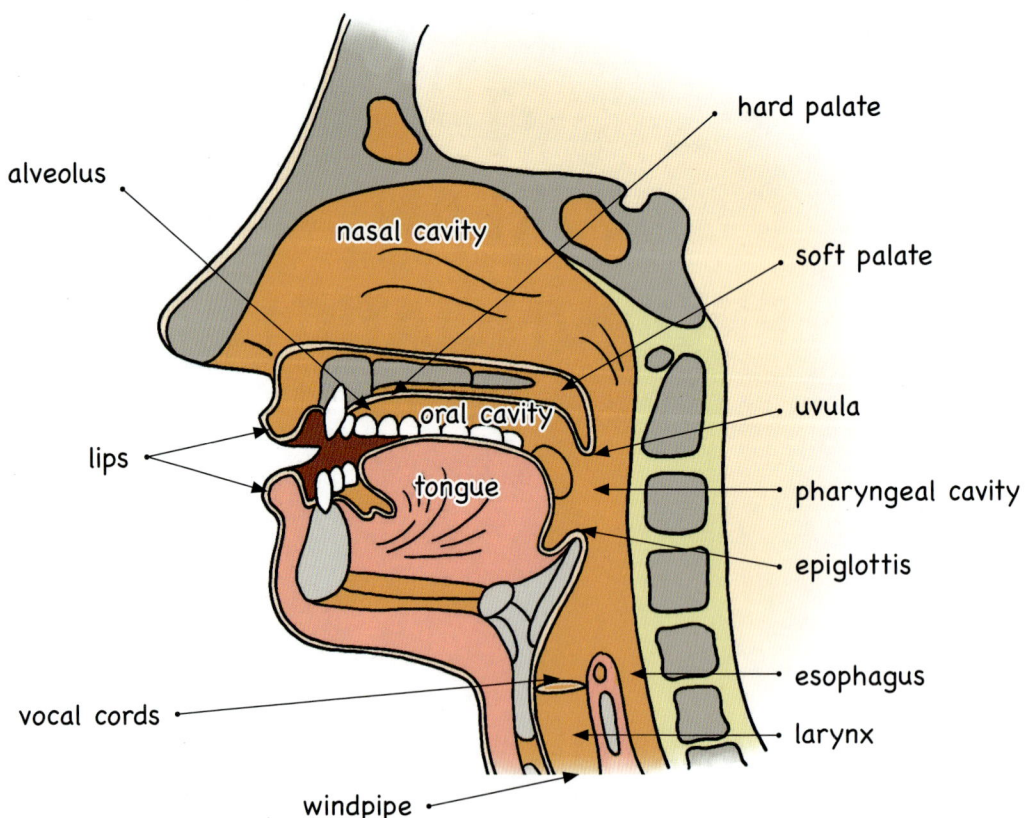

Vowels

Vowels are sounds that are made when air is not blocked in the process of pronunciation. Korean vowels consist of 10 monophthongs and 11 diphthongs as below. **Refer to Vowels p.20**

Monophthongs	ㅏ, ㅓ, ㅗ, ㅜ, ㅡ, ㅣ, ㅔ, ㅐ, ㅚ*, ㅟ*
Diphthongs	ㅑ, ㅕ, ㅛ, ㅠ, ㅖ, ㅒ, ㅘ, ㅝ, ㅙ, ㅞ, ㅢ

> **Wait!**
>
> * "Standard Pronunciation Rules" Section 4 states that ㅚ and ㅟ can be pronounced as diphthongs. In this book Basics: Vowels, we categorize ㅚ and ㅟ as diphthongs and introduce 8 monophthongs and 13 diphthongs based on "S.P.R."

The sound of the vowel changes according to the height of the tongue, the front and back position of the tongue, and the shape of the mouth.

	Position of the Tongue		
	Front Vowel	Back Vowel	
	Unrounded Vowel	Unrounded Vowel	Rounded Vowel
High Vowel	ㅣ	ㅡ	ㅜ
Mid Vowel	ㅔ	ㅓ	ㅗ
Low Vowel	ㅐ	ㅏ	

(Height of the Tongue — rows; Shape of the Mouth — columns)

An Overview of Korean Pronunciation

Consonants

Consonants are sounds that are made when air is blocked by speech organs in the process of pronunciation. There are 19 consonants in the Korean alphabet. They are listed below.

> ㄱ, ㄲ, ㄴ, ㄷ, ㄸ, ㄹ, ㅁ, ㅂ, ㅃ, ㅅ, ㅆ, ㅇ, ㅈ, ㅉ, ㅊ, ㅋ, ㅌ, ㅍ, ㅎ

The sounds of the consonants change according to the place and manner of articulation and the degree of constriction of the sound. *Refer to Consonants p.33*

			Place of Articulation				
			Bilabial	Alveolar	Palatal	Velar	Glottal
Manner of Articulation	Stop (=Plosive)	Lenis/Plain	ㅂ	ㄷ		ㄱ	
		Fortis	ㅃ	ㄸ		ㄲ	
		Aspirated	ㅍ	ㅌ		ㅋ	
	Affricate	Lenis/Plain			ㅈ		
		Fortis			ㅉ		
		Aspirated			ㅊ		
	Fricative	Lenis/Plain		ㅅ			ㅎ
		Fortis		ㅆ			
	Nasal		ㅁ	ㄴ		ㅇ	
	Liquid			ㄹ			

16   Korean Pronunciation Guide

Syllable Formation in Korean

A syllable is the unit of sound that you can make at a time when you pronounce a word. Korean syllables can be formed as below:

Syllable Formation	Example
모음 (V)	아
자음 + 모음 (C+V)	가
모음 + 자음 (V+C)	악
자음 + 모음 + 자음 (C+V+C)	각

Korean syllables require a vowel, so a syllable formation such as C+C+C is not possible.

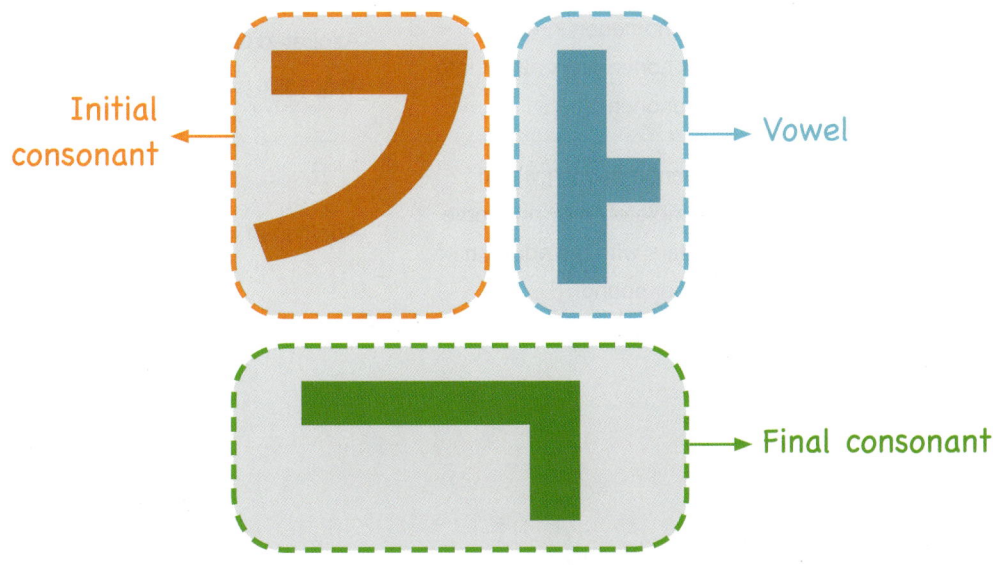

An Overview of Korean Pronunciation 17

Phonological Alterations in Korean

When two sounds meet, they sometimes influence each other and change the overall sound completely. In order to pronounce the Korean word more easily and clearly, phonological alterations occur as below.

Category	Definition	Alteration Type
Substitution	A phenomenon in which one phoneme resembles the sound of another phoneme	Nasalization ①: 박물관 [방물관] p.92 Nasalization ②: 정류장 [정뉴장] p.100 Nasalization ③: 대학로 [대항노] p.106 Liquidization: 설날 [설랄] p.112 Fortis Articulation: 식당 [식땅] p.76 Palatalization: 같이 [가치] p.86
Elision	A phenomenon in which one phoneme is eliminated when two phonemes meet	Elimination of ㅎ Pronunciation: 괜찮아요 [괜차나요] p.70
Contraction	A phenomenon in which two phonemes contract into one phoneme	Aspirated Consonants: 축하 [추카] p.62
Insertion	A phenomenon in which a completely new phoneme appears with the addition of another sound	Addition of ㄴ: 시청역 [시청녁] p.120

Part I

BASIC KOREAN PRONUNCIATION

Vowels
Consonants
Final Consonants
Liaison

❶ 모음 Vowels

There are 21 vowels in the Korean alphabet. The vowels can be categorized into monophthongs and diphthongs. A diphthong is created by combining two monophthongs. The shapes of the vowels are produced with a variety of combinations using ㅇ, which symbolizes the sky, ㅡ, which represents the earth, and ㅣ, which signifies man.

A vowel can be pronounced on its own and can form a syllable by itself. However, when writing only the vowel, you must write ㅇ in front of the vowel. In this case, ㅇ has no sound.

단모음 Monophthongs

There are 8 monophthongs: ㅏ, ㅓ, ㅗ, ㅜ, ㅡ, ㅣ, ㅔ, ㅐ. When you pronounce monophthongs, the shape of the mouth does not change from the beginning to the end of the pronunciation.

Track 001

Vowel	Pronunciation	Manner of Pronunciation
ㅏ	[a]	Open your mouth wide and round. Your tongue does not touch your teeth when you make the sound.
ㅓ	[ə]	Open your mouth a little smaller than when you pronounce ㅏ. Lift your lower jaw slightly and do not purse your lips.
ㅗ	[o]	Push your lips out and pucker them up in a round shape. Put your index finger 1cm away from your lips. Your lips should be able to touch your finger.
ㅜ	[u]	The shape of your mouth is similar to ㅗ, but your lower jaw should be lifted slightly more than when you pronounce ㅗ.

Vowels

Vowel	Pronunciation	Manner of Pronunciation
ㅡ	[ɨ]	으 Stretch the corners of your mouth more to the side than when you pronounce ㅜ. Do not pucker your lips. Your tongue should not touch your teeth as you make the sound while the corners of your mouth are stretched laterally.
ㅣ	[i]	이 으 The shape of your mouth is similar to ㅡ, but drop your lower jaw a little and have your tongue slightly touch your lower teeth when you make the sound.
ㅔ	[e]	에 이 Stretch your mouth wider than when you pronounce ㅣ and drop your lower jaw more.
ㅐ	[æ]	애 에 The pronunciation is similar to ㅔ, but you must open your mouth wider. Drop your lower jaw more and make the sound shorter than when you pronounce ㅔ.

> **Wait!**
>
> The pronunciations of the vowels ㅔ and ㅐ are difficult to distinguish easily, but you must distinguish them when they are written.

Pronunciation Comparison of Monophthongs

Monophthongs can be observed in comparison based on the difference in the shape of the lips, the position of the tongue, and the extent to which the mouth stretches.

Track 002

- **Comparison Based on the Shape of the Lips**

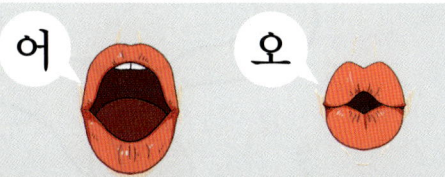

Stretch the corners of your mouth to the side to pronounce ㅡ and pucker your lips in a round shape to pronounce ㅜ. Your lips protrude more when you pronounce ㅜ than when you pronounce ㅡ. Listen to the CD and compare the pronunciations.

You must stretch your mouth more when you pronounce ㅓ than when you pronounce ㅗ. You must pucker your lips in a round shape more when you pronounce ㅗ than when you pronounce ㅓ. Your lips protrude more when you pronounce ㅗ than when you pronounce ㅓ. Listen to the CD and compare the pronunciations.

Track 003

- **Comparison Based on the Extent to which the Mouth Stretches**

Your bottom jaw drops lower, and your mouth opens wider as you subsequently pronounce ㅣ, ㅔ, and ㅐ. The same applies to when you pronounce ㅡ, ㅓ and ㅏ and when you pronounce ㅜ and ㅗ. Listen to the CD and compare the pronunciations.

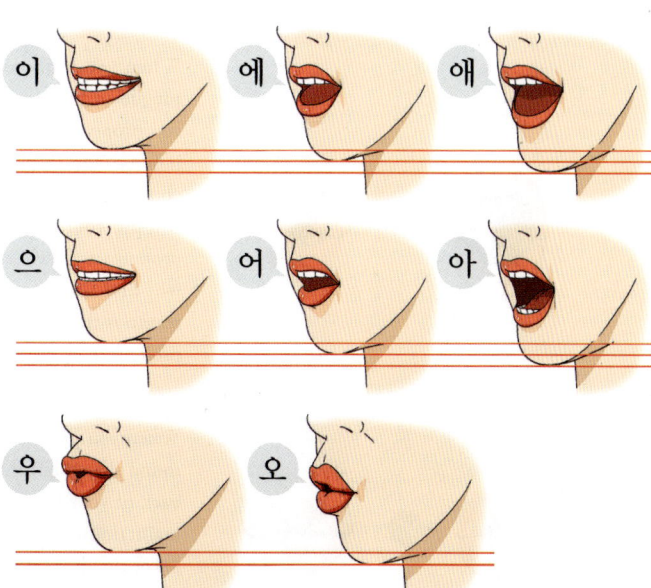

● **Comparison Based on the Position of the Tongue**

The position of your tongue moves back more as you subsequently pronounce ㅣ, ㅡ, and ㅜ. The same applies to when you pronounce ㅔ, ㅓ, and ㅗ and when you pronounce ㅐ and ㅏ. Listen to the CD and compare the pronunciations.

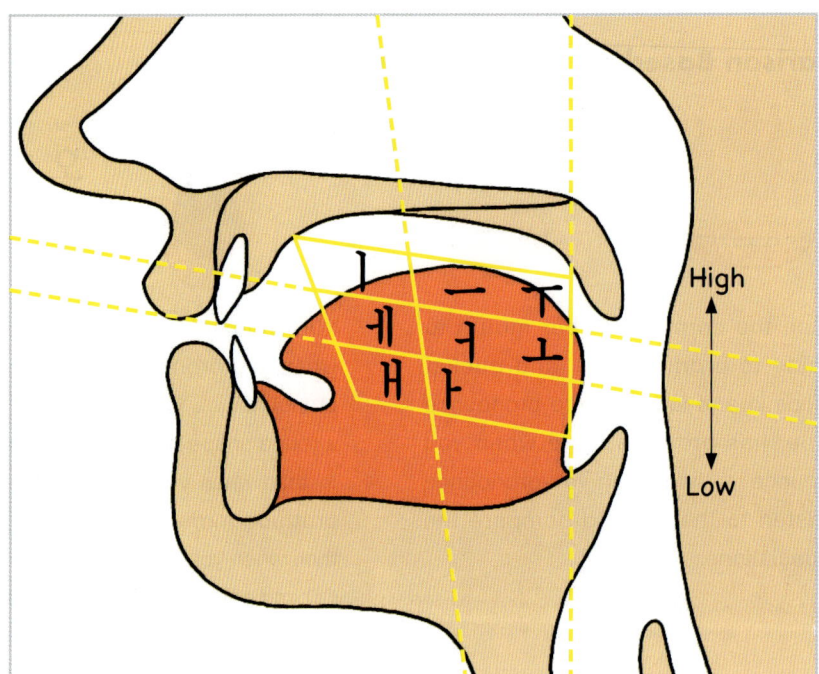

Pronunciation Tip!

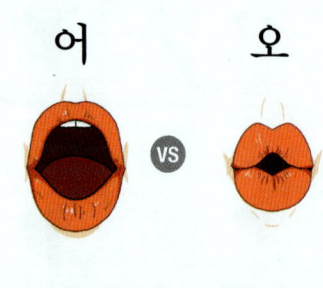

When you pronounce ㅓ and ㅗ, the position and height of the tongue are the same, but the shape of the mouth is different. When you pronounce ㅗ, you must push your lips forward as you make it into a round shape, but when you pronounce ㅓ, you need to lower your bottom jaw more, so your lips do not make a round shape. If you put your finger on your lips when you pronounce ㅗ and then pronounce ㅓ while you keep your finger in the same position, you will find that your lips will slightly detach from your finger. The reason is that the position of your bottom jaw drops lower when you pronounce ㅓ than when you pronounce ㅗ.

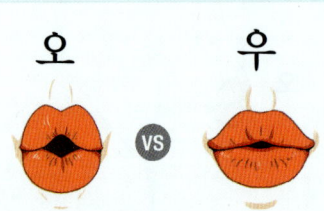

When you pronounce ㅗ and ㅜ, the shape of your lips is the same round shape, but the position of your lower jaw is different. Put the back of your hand under your chin when you pronounce ㅜ. While maintaining that position, pronounce ㅗ. You will find that your lower jaw drops downward more.

Read Along

Track 005

1. Listen carefully and repeat the following.

(1) 아   어   오   우   으   이   에   애

(2) 아어   어오   오우   우으   으이   이에   에애   애아

(3) 아이   오이   우애   아우   우아   우이

(4) 아어오   오우으   으이에   에애아

(5) 이에애   으어아   우오

(6) 이으우   에어오   애아

Exercise

Track 006

1. Listen carefully and choose the word that is being pronounced.

(1) ⓐ 어   ⓑ 으   ⓒ 아
(2) ⓐ 으   ⓑ 우   ⓒ 오
(3) ⓐ 어   ⓑ 오   ⓒ 으
(4) ⓐ 이   ⓑ 어   ⓒ 으
(5) ⓐ 이   ⓑ 오   ⓒ 으
(6) ⓐ 오이   ⓑ 우이   ⓒ 으이
(7) ⓐ 어애   ⓑ 오애   ⓒ 우애
(8) ⓐ 어이   ⓑ 아이   ⓒ 으이
(9) ⓐ 아우   ⓑ 이우   ⓒ 어우
(10) ⓐ 오이   ⓑ 어이   ⓒ 으이

Vowels

2. Listen to the three vowels pronounced consecutively and choose the one that sounds different like the example below.

Track 007

e.g.

(1)   (2)

(3)   (4)

(5)

이중 모음 1 Diphthongs 1

A diphthong is two monophthongs combined. The shape of the mouth at the beginning of the pronunciation and the shape of the mouth at the end of the pronunciation are different.

The diphthongs ㅑ, ㅕ, ㅛ, ㅠ, ㅖ, and ㅒ are combinations of the vowel ㅣ and other vowels. The beginning of the pronunciation starts with ㅣ and quickly continues to the next vowel. The time it takes to pronounce diphthongs is the same as for monophthongs, so be careful not to pronounce diphthongs as if you are pronouncing two separate sounds.

26 Korean Pronunciation Guide

Vowel	Pronunciation	Manner of Pronunciation
ㅑ	[ya]	ㅣ + ㅏ ➡ ㅑ Start out by making the shape of your mouth into the way you would pronounce ㅣ and quickly go on to pronounce ㅏ.
ㅕ	[yə]	ㅣ + ㅓ ➡ ㅕ Start out by making the shape of your mouth into the way you would pronounce ㅣ and quickly go on to pronounce ㅓ. Your lips do not protrude when you finish pronouncing ㅕ.
ㅛ	[yo]	ㅣ + ㅗ ➡ ㅛ Start out by making the shape of your mouth into the way you would pronounce ㅣ and quickly go on to pronounce ㅗ. Your lips protrude when you finish pronouncing ㅛ.
ㅠ	[yu]	ㅣ + ㅜ ➡ ㅠ Start out by making the shape of your mouth into the way you would pronounce ㅣ and quickly go on to pronounce ㅜ. Pronounce ㅜ longer. Stick your lips out more and raise your lower jaw a little higher than when you pronounce ㅛ.
ㅖ	[ye]	ㅣ + ㅔ ➡ ㅖ Start out by making the shape of your mouth into the way you would pronounce ㅣ and quickly go on to pronounce ㅔ.
ㅒ	[yæ]	ㅣ + ㅐ ➡ ㅒ Start out by making the shape of your mouth into the way you would pronounce ㅣ and quickly go on to pronounce ㅐ.

Pronunciation Tip!

When you pronounce ㅓ and ㅗ, the position and height of the tongue are the same, but the shape of the mouth is different. When you pronounce ㅗ, you must make your mouth into a round shape and push your lips forward, but when you pronounce ㅓ, you open your mouth wider than when you pronounce ㅗ, so your mouth does not make a round shape. If you put your finger on your lips when you pronounce ㅗ and then pronounce ㅓ while you keep your finger in the same position, you will find that your lips will slightly detach from your finger.

ㅗ VS ㅜ

When you pronounce ㅗ and ㅜ, the shape of your lips is the same round shape, but the position of your lower jaw is different. Put the back of your hand under your chin when you pronounce ㅜ. While maintaining that position, pronounce ㅗ. You will find that your lower jaw drops downward more.

Wait!

- The pronunciations of the diphthongs ㅔ and ㅐ are difficult to distinguish easily when spoken, but you must distinguish them when they are written.
- When the diphthong ㅖ is combined with consonants other than ㅇ and ㄹ, it is usually pronounced [ㅔ].
  e.g. 시계 [시계/시게]   계시다 [계시다/게시다]
       예우 [예우]   차례 [차례]
- When the diphthong ㅕ is combined with the consonants ㅈ, ㅉ, and ㅊ, it is pronounced ㅓ. It is written as 져, 쪄, and 쳐 but pronounced like [저], [쪄], and [처], respectively.

Read Along

Track 009

1. Listen carefully and repeat the following.

(1)   야   여   요   유   예   애

(2)   야여   여요   요유   유예   예애   애야

(3)   야여요   요유예   예애야

(4)   우유   여유   예우   여우   야유   아야

Exercise

Track 010

1. Listen carefully and choose the word that is being pronounced.

   (1)   ⓐ 야   ⓑ 여   ⓒ 예

   (2)   ⓐ 요   ⓑ 여   ⓒ 유

   (3)   ⓐ 예   ⓑ 여   ⓒ 야

   (4)   ⓐ 유요   ⓑ 요유   ⓒ 요요

   (5)   ⓐ 여요   ⓑ 야유   ⓒ 여유

Track 011

2. Listen carefully. Mark O if it is correct and X if it is incorrect.

   (1)   유유 (   )   (2)   예요 (   )

   (3)   야유 (   )   (4)   얘야 (   )

   (5)   유예 (   )

이중 모음 2 Diphthongs 2

The diphthongs ㅘ, ㅙ, and ㅚ are combinations of ㅗ and other vowels. The diphthongs ㅝ, ㅞ, and ㅟ have combined ㅜ with other vowels, and ㅢ is a combination of ㅡ and ㅣ. The shape of the mouth at the beginning of the pronunciation and the shape of the mouth at the end of the pronunciation are different. The time it takes to pronounce diphthongs is the same as for monophthongs, so be careful not to pronounce the diphthongs as if you are pronouncing two separate sounds.

① Vowels   29

Vowel	Pronunciation	Manner of Pronunciation
과	[wa]	ㅗ + ㅏ ➡ ㅘ Start out by making the shape of your mouth into the way you would pronounce ㅗ. Pronounce ㅗ briefly and then immediately go on to pronouncing ㅏ.
ㅙ	[wæ]	ㅗ + ㅐ ➡ ㅙ Start out by making the shape of your mouth into the way you would pronounce ㅗ. Pronounce ㅗ briefly and then immediately go on to pronouncing ㅐ.
ㅚ	[oe]	ㅗ + ㅣ ➡ ㅚ Start out by making the shape of your mouth into the way you would pronounce ㅗ. Pronounce ㅗ briefly and then immediately go on to pronouncing ㅔ.
ㅝ	[wə]	ㅜ + ㅓ ➡ ㅝ Start out by making the shape of your mouth into the way you would pronounce ㅜ. Pronounce ㅜ briefly and then immediately go on to pronouncing ㅓ.
ㅞ	[we]	ㅜ + ㅔ ➡ ㅞ Start out by making the shape of your mouth into the way you would pronounce ㅜ. Pronounce ㅜ briefly and then immediately go on to pronouncing ㅔ.
ㅟ	[wi]	ㅜ + ㅣ ➡ ㅟ Start out by making the shape of your mouth into the way you would pronounce ㅜ. Pronounce ㅜ briefly and then immediately go on to pronouncing ㅣ.

Vowel	Pronunciation	Manner of Pronunciation
ㅢ	[ɯi]	ㅡ + ㅣ ➡ ㅢ Start out by making the shape of your mouth into the way you would pronounce ㅡ. Pronounce ㅡ briefly and then immediately go on to pronouncing ㅣ. Unlike other diphthongs, the shape of the mouth at the beginning of pronunciation and the shape of the mouth at the end of the pronunciation hardly change.

> **Wait!**
>
> - The pronunciations of the diphthongs ㅙ, ㅞ, and ㅚ are difficult to distinguish easily when spoken, but you must distinguish them when they are written.
>
> - The pronunciation of the diphthong ㅢ changes according to its position within the word. When it is the first syllable, it is always pronounced [의], but when it is not the first syllable, it is pronounced [의] or [이]. Furthermore, the postpositional particle 의 is pronounced [에].
>   e.g. 의아 [의아]   의의 [의의/의이]   아이의 우유 [아이에우유]
>
> - When the diphthong ㅢ is combined with a consonant, it is pronounced [이].
>   e.g. 희다 [히다]   무늬 [무니]

Read Along

1. Listen carefully and repeat the following.

   Track 013

   (1) 와   워   위   의   웨   왜   외

   (2) 와워   워위   위의   의웨   웨왜   왜외   외와

   (3) 와워위   위의웨   웨왜외   외와워

Exercise

1. Listen carefully and choose the word that is being pronounced.

Track 014

(1) ⓐ 왜   ⓑ 워   ⓒ 와

(2) ⓐ 위   ⓑ 의   ⓒ 외

(3) ⓐ 워   ⓑ 웨   ⓒ 위

(4) ⓐ 의   ⓑ 워   ⓒ 위

(5) ⓐ 와   ⓑ 웨   ⓒ 워

2. Listen to the vowels pronounced consecutively and fill in the blank using the words in the box like the example below.

Track 015

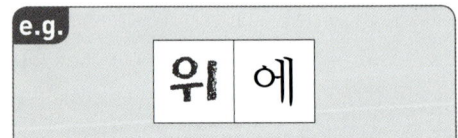

| 외 워 와 의 위 |

e.g. | 위 | 에 |

(1) | 우 | |

(2) | | 외 |

(3) | 이 | 에 |

(4) | 외 | | 요 |

(5) | 야 | 어 | 요 |

32 Korean Pronunciation Guide

❷ 자음 Consonants

There are 19 consonants in the Korean alphabet. They cannot be used alone but must be used with a vowel to form a syllable. The most basic consonants out of the 19 consonants are ㄱ, ㄴ, ㅁ, ㅅ, and ㅇ. The shapes of these consonants symbolize the figure of the speech organs that play an important role in pronouncing each consonant. ㄱ, ㄴ, and ㅅ were created in imitation of the way the tongue sits inside the mouth when pronouncing each consonant. ㅁ was created in imitation of the shape of the mouth when pronouncing ㅁ, and ㅇ was created in imitation of the shape of the throat.

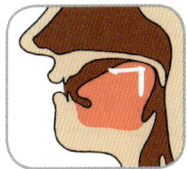 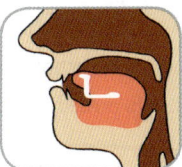  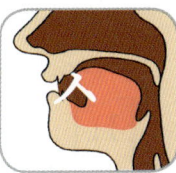 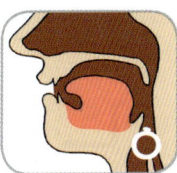

Additional strokes were added to these 5 basic consonants to form the rest of the consonants. For example, the pronunciation of ㄷ occurs using the same speech organs and in the same location inside the mouth as ㄴ, but ㄷ has a stronger sound than ㄴ. So a stroke was added to ㄴ to create ㄷ.

The figure below indicates the place of the articulation of each consonant.

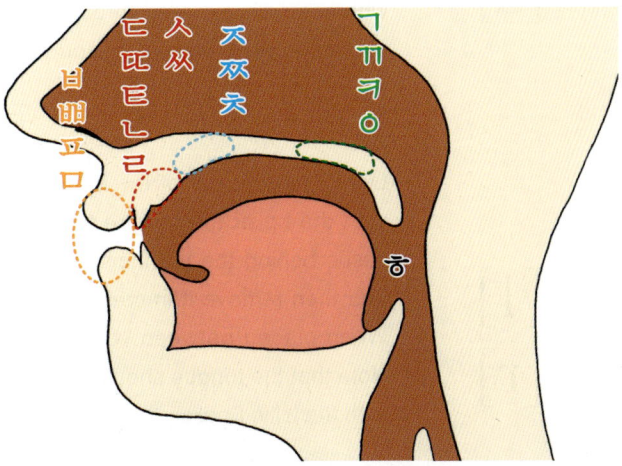

기본 자음 Basic Consonants

Consonants can largely be divided into basic consonants and consonant blends. There are 14 basic consonants: ㄱ, ㄴ, ㄷ, ㄹ, ㅁ, ㅂ, ㅅ, ㅇ, ㅈ, ㅊ, ㅋ, ㅌ, ㅍ, and ㅎ.

Track 016

Consonant	Pronunciation	Manner of Pronunciation
ㄱ	[k] [g]	Lift the back of the tongue to block the back of the hard palate. As you remove the tongue, expel air gently and slowly, making a sound. It sounds similar to [k]. When placed between vowels, ㄱ sounds similar to [g]. 가 거 고 구 그 기 고요 아기 가구
ㄴ	[n]	Gently touch the tissue behind the upper teeth with the tip of the tongue and then remove it to make a sound. It sounds similar to [n]. It is a nasal sound, with the air being expelled from the nose. 나 너 노 누 느 니 나이 아니 누나
ㄷ	[t] [d]	Touch the tissue behind the upper teeth with the tip of the tongue and then remove it to make a sound. It sounds similar to [t]. Block the passage of the mouth with the tongue and then open it, expelling air gently and slowly. Like ㄴ, the tip of the tongue touches the gum behind the top incisors, but air is expelled from the nose with ㄴ whereas air is expelled through the mouth with ㄷ. When placed between vowels, ㄷ sounds similar to [d]. 다 더 도 두 드 디 도구 어디 다도
ㄹ	[l] [r]	Lightly hit the roof of the mouth behind the upper teeth with the tip of the tongue to make a sound. Touch the tissue behind the top incisors with the tip of the tongue and then remove it immediately. It sounds similar to [l]. When placed between vowels, ㄹ sounds similar to [r]. Note that the tongue should not be rolled as much as it is with the [r] in English. 라 러 로 루 르 리 라디오 아래 나라

Korean Pronunciation Guide

Consonant	Pronunciation	Manner of Pronunciation
ㅁ	[m]	Press the lips together and then open them to make a sound. It sounds similar to [m]. Like ㄴ, it is a nasal sound, with the air being expelled from the nose. 마 머 모 무 므 미　　머리 이마 마모
ㅂ	[p] [b]	Press the lips together and then open them to make a sound. It sounds similar to [p]. Like ㅁ, the lips are pressed together and then opened, but air is expelled from the nose with ㅁ whereas air is expelled through the mouth with ㅂ. When placed between vowels, ㅂ sounds similar to [b]. 바 버 보 부 브 비　　부모 나비 부부
ㅅ	[s] [sh]	Place the tip of the tongue close to the roof of the mouth, but not against it, to make a sound. It sounds similar to [s]. The air inside the mouth passes through a very narrow passage between the tongue and the roof of the mouth. When combined with the vowels ㅣ, ㅑ, ㅕ, ㅛ, and ㅠ, ㅅ sounds similar to [sh]. 사 서 소 수 스 시　　사이 세수 도시
ㅇ	[∅]	When placed in front of a vowel, no sound is produced because it has no phonetic value. When used as a final consonant, it sounds similar to [ng]. 아 어 오 우 으 이　　어머니 더워요 송이* Refer to Final Consonants p.45
ㅈ	[ch] [j]	Press the tongue against the roof of the mouth and then remove it slightly so air is expelled through a narrow passage. It sounds similar to [ch]. The tip of the tongue must not touch the tissue behind the upper front teeth. When placed between vowels, ㅈ sounds similar to [j]. 자 저 조 주 즈 지　　지도 바지 자주
ㅊ	[ch]	Press the tongue against the roof of the mouth with force and then remove it slightly to make air pass through a narrow passage. More air is expelled through the mouth compared to ㅈ. 차 처 초 추 츠 치　　차이 고추 기차

Consonant	Pronunciation	Manner of Pronunciation
ㅋ	[k]	Press the back of the tongue against the back of the hard palate with force for some time and then remove it to make a sound. Air should be expelled with force. More air is expelled through the mouth compared to ㄱ. 카 커 코 쿠 크 키 카드 크다 쿠키
ㅌ	[t]	Press the tip of the tongue against the back of the front teeth with force for some time and then remove it to make a sound. Air should be expelled with force. More air is expelled through the mouth with ㅌ compared to ㄷ. 타 터 토 투 트 티 타조 투수 나이테
ㅍ	[p]	Press the lips together and then open them to make a sound. Press the lips together with more force than you would with ㅂ so that air is expelled with force. More air is expelled from the mouth compared to ㅂ. 파 퍼 포 푸 프 피 파리 포도 대파
ㅎ	[h]	Expel air from the throat to make a sound. It sounds similar to [h]. Air is expelled through the mouth without anything blocking the passage. 하 허 호 후 흐 히 하나 호두 오후

> **Wait!**
>
> - ㄱ and ㅋ are pronounced by lifting the back of the tongue, placing it against the back of the roof of the mouth, and then removing it, but the force expelled for each sound is different.
> - ㄴ, ㄷ, and ㅌ are pronounced by pressing the tip of the tongue behind the upper teeth and then removing it, but the force expelled for each sound is different.
> - ㅁ and ㅂ are pronounced by pressing the lips together lightly and then opening them.
> - ㅅ, ㅈ, and ㅊ are pronounced by expelling air through the narrow passage between the tongue and the roof of the mouth.
> - ㅇ sounds only when it is used as a constant placed under a vowel; it makes a nasal sound.
> - ㄴ and ㅁ are nasal sounds.

Read Along

Track 017

1. Listen carefully and repeat the following.

(1)	가 나 다 라 마 바 사 아 자 차 카 타 파 하			
(2)	가수	거위	교수	과자
(3)	나이	나라	노래	나무
(4)	다리	도구	뒤	두부
(5)	라디오	루비	러시아	로마
(6)	마개	모자	무늬	미워요
(7)	바나나	바다	바지	봐요
(8)	사과	새해	소나무	소라
(9)	새우	소주	시계	샤워
(10)	아버지	어머니	오리	오후
(11)	의자	주세요	제주도	추워요
(12)	카카오	코트	코코아	키위
(13)	타요	투수	토마토	이태리
(14)	파리	포도	대표	피해
(15)	하나	하루	허리	회의

Exercise

Track 018

1. Listen carefully and choose the word that is being pronounced.

(1) ⓐ 가　　　ⓑ 카　　　ⓒ 다

(2) ⓐ 수　　　ⓑ 주　　　ⓒ 추

(3) ⓐ 니　　　ⓑ 비　　　ⓒ 미

(4) ⓐ 포　　　ⓑ 보　　　ⓒ 모

(5) ⓐ 누　　　ⓑ 투　　　ⓒ 두

Track 019

2. Listen carefully. Mark O if it is correct and X if it is incorrect.

(1) 나라 (　　)　　(2) 바보 (　　)　　(3) 추위 (　　)

(4) 의자 (　　)　　(5) 호주 (　　)

Track 020

3. Listen carefully. Fill in the consonants like in the example below.

e.g.
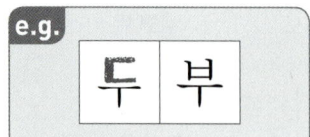

(1) | ㅗ | 기 |

(2) | 노 | ㅜ |

(3) | ㅣ | 마 |

(4) | ㅓ | 피 |

(5) | 마 | ㅕ | 요 |

38　Korean Pronunciation Guide

겹자음 Consonant Blends

Consonant blends are groups of two identical consonants that have a stronger sound than the basic consonants. There are a total of 5 consonant blends. The basic consonants ㄱ, ㄷ, ㅂ, ㅅ, and ㅈ are taken to make stronger sounds. Their consonant blend counterparts are ㄲ, ㄸ, ㅃ, ㅆ, and ㅉ.

Track 021

Consonant Blend	Pronunciation	Manner of Pronunciation
ㄲ	[kk]	Lift the back of the tongue, press it against the back of the hard palate with force for some time, and then remove it to make a sound. Hold it with force longer than you would with ㄱ. Add pressure to the throat as well. 까 꺼 꼬 꾸 끄 끼 꼬리 끄다 어깨
ㄸ	[tt]	Block the back of the upper teeth with the tip of the tongue with force for some time and then remove it to make a sound. Hold it with force longer than you would with ㄷ. Add pressure to the throat as well. 따 떠 또 뚜 뜨 띠 또래 어때요 허리띠
ㅃ	[pp]	Press the lips together with force for some time and then open them to make a sound. Press it with more force than you would with ㅂ. Add pressure to the throat as well. 빠 뻐 뽀 뿌 쁘 삐 뿌리 아빠 뽀뽀
ㅆ	[ss]	Add more force to the tip of the tongue and throat compared to ㅅ to make a sound. With both consonants, air is expelled through the narrow passage inside the mouth. Add pressure to the throat as well. 싸 써 쏘 쑤 쓰 씨 싸요 쓰세요 아저씨

Consonant Blend	Pronunciation	Manner of Pronunciation
ㅉ	[jj]	Press the tongue against the roof of the mouth with force for a long time and then remove it slightly so that air is expelled through a narrow passage to make a sound. Add pressure to the throat as well. 짜 쩌 쪼 쭈 쯔 찌 짜요 쯔그려 가짜

> **Wait!**
> ㄲ, ㄸ, ㅃ, ㅆ, and ㅉ are pronounced with more force compared to ㄱ, ㄷ, ㅂ, ㅅ, and ㅈ.

Read Along

Track 022

1. Listen carefully and repeat the following.

(1) 까　　따　　빠　　싸　　짜

(2) 까다　　꼬마　　깨다　　토끼

(3) 따귀　　뛰어요　　허리띠　　뜨거워

(4) 뻐꾸기　　기뻐요　　예쁘다　　뼈다귀

(5) 싸리비　　쑤다　　사과씨　　쓰기

(6) 찌개　　어째서　　쪼개다　　짜다

Exercise

1. Listen carefully and choose the word that is being pronounced.

(1) ⓐ 고 ⓑ 꼬 ⓒ 코

(2) ⓐ 뚜 ⓑ 두 ⓒ 투

(3) ⓐ 퍼 ⓑ 뼈 ⓒ 버

(4) ⓐ 쪼 ⓑ 소 ⓒ 쏘

(5) ⓐ 찌 ⓑ 지 ⓒ 치

2. Listen carefully. Mark O if it is correct and X if it is incorrect.

(1) 빼다 (　　)   (2) 찌우다 (　　)

(3) 씌우다 (　　)   (4) 따가워요 (　　)

(5) 깨워요 (　　)

자음 소리의 세기 비교 Comparison of the Force behind Consonant Sounds

There are consonants that are distinguished into lenis, fortis, and aspirated consonants based on the force of the sound. Consonants that are pronounced in the same location inside the mouth and using the same speech organ take on a similar shape. Lenis indicates normal force. A stroke added to the lenis indicates aspirated, which expels a lot of air. Two identical lenis consonants indicate fortis, which has a stronger sound. The following are consonants distinguished according to the manner of making a sound and the force of the sound.

평음 lenis	ㄱ	ㄷ	ㅂ	ㅅ	ㅈ
경음 fortis	ㄲ	ㄸ	ㅃ	ㅆ	ㅉ
격음 aspirated	ㅋ	ㅌ	ㅍ		ㅊ

Lenis consonants are sounds made when the speech organ maintains a normal condition without muscle friction or tension in the speech organ. The following are lenis consonants: ㄱ, ㄷ, ㅂ, ㅅ, and ㅈ. Fortis consonants are pronounced by tensing the muscle in the speech organ to block airflow and then releasing the sound with force. The following are fortis consonants: ㄲ, ㄸ, ㅃ, ㅆ, and ㅉ. Aspirated consonants are pronounced by air producing friction when a sound is released through the mouth. The following are aspirated consonants: ㅋ, ㅌ, ㅍ, and ㅊ. As shown in the picture below, aspirated consonants expel the greatest amount of air through the mouth. Lenis comes in second, and fortis expels the least amount of air. Therefore, very much air is released from the mouth when pronouncing ㅋ, ㅌ, ㅍ, and ㅊ. When pronouncing ㄲ, ㄸ, ㅃ, ㅆ, and ㅉ, more force is added compared to ㄱ, ㄷ, ㅂ, ㅅ, and ㅈ.

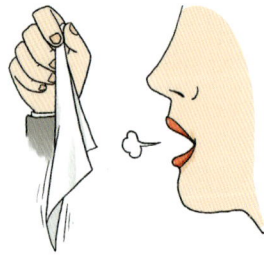

lenis: 가, 다, 바, 자

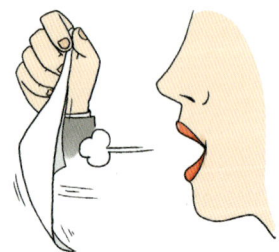

aspirated: 카, 타, 파, 차

Pronunciation Tip!

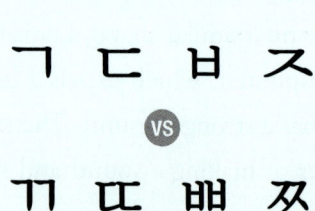

The lenis consonants ㄱ, ㄷ, ㅂ, and ㅈ and the aspirated consonants ㅋ, ㅌ, ㅍ, and ㅊ all expel air through the mouth, but there is difference in the force of the air. As shown in the picture above, if you place your palm in front of your mouth when pronouncing 가, 다, 바, and 자 and 카, 타, 파, and 차, you will notice the difference in the force of air that hits your palm. You will feel more air on your palm when pronouncing 카, 타, 파, and 차.

The fortis consonants ㄲ, ㄸ, ㅃ, and ㅉ expel almost no air through the mouth because there is pressure added to the throat, unlike lenis consonants ㄱ, ㄷ, ㅂ, and ㅈ. If you place your palm in front of your mouth when pronouncing 가, 다, 바, and 자 and 까, 따, 빠, and 짜, you will notice that a small amount of air hits your palm in the case of 가, 다, 바, and 자, but no air is felt in the case of 까, 따, 빠, and 짜.

Read Along

Track 025

1. Listen carefully and repeat the following.

    (1) 가   까   카

    (2) 다   따   타

    (3) 바   빠   파

    (4) 사   싸

    (5) 자   짜   차

    (6) 개다   깨다   캐다

    (7) 다다   따다   타다

    (8) 비다   삐다   피다

    (9) 사다   싸다

    (10) 지다   찌다   치다

Exercise

Track 026

1. Listen carefully. Mark O if it is correct and X if it is incorrect.

    (1) 가 (   )

    (2) 추 (   )

    (3) 토 (   )

    (4) 서 (   )

    (5) 삐 (   )

2. Listen carefully and choose the word that is being pronounced.

(1) ⓐ 토기   ⓑ 토끼   ⓒ 토키
(2) ⓐ 바쁘다   ⓑ 바브다   ⓒ 바프다
(3) ⓐ 까지   ⓑ 까찌   ⓒ 까치
(4) ⓐ 싸다   ⓑ 사다   ⓒ 차다
(5) ⓐ 따르다   ⓑ 다르다   ⓒ 타르다
(6) ⓐ 자다   ⓑ 짜다   ⓒ 차다
(7) ⓐ 비리   ⓑ 삐리   ⓒ 피리
(8) ⓐ 기자   ⓑ 기차   ⓒ 키자
(9) ⓐ 스다   ⓑ 쓰다   ⓒ 츠다
(10) ⓐ 어리   ⓑ 머리   ⓒ 허리

3. Listen carefully. Fill in the blanks with the correct words like in the example below.

싸 끼 파 빼 찌 차 배

e.g. 기 차 가 와 요

(1) 고 기 ☐ 주 세 요
(2) ☐ 개 가 매 워 요
(3) 머 리 가 아 ☐ 요
(4) 조 ☐ 가 예 뻐 요
(5) 치 마 가 비 ☐ 요

44 Korean Pronunciation Guide

❸ 받침 Final Consonants

In Korean, a syllable is composed of a vowel on its own or one vowel and one consonant combined. As below, there are four cases of when a sound is made: a vowel on its own, a combination of one consonant and one vowel, a combination of one vowel and one consonant, and a combination of one consonant, one vowel, and one consonant.

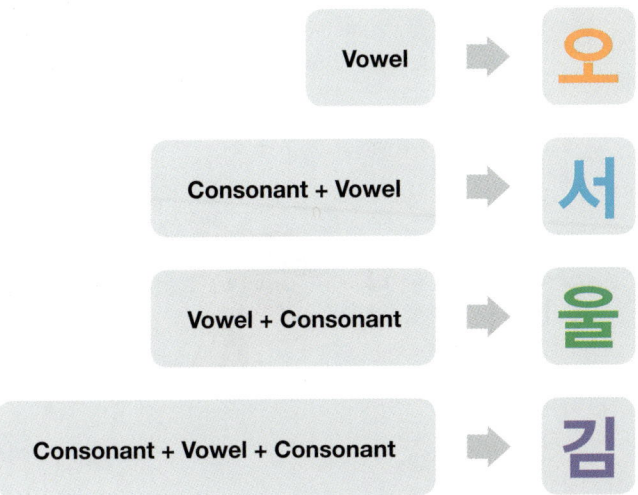

In the syllable combination of consonant + vowel + consonant, the consonant that comes after the vowel is called the final consonant. The sound of the final consonant is pronounced like the following seven sounds: [ㄱ], [ㄴ], [ㄷ], [ㄹ], [ㅁ], [ㅂ], [ㅇ]. If a consonant other than these seven sounds is positioned as the final consonant, it changes into one of these seven sounds.

The sounds of the seven final consonants have a characteristic of ending with a closed sound because the speech organs close after they are pronounced.

Final Consonant	Pronunciation	Manner of Pronunciation
ㄱ ㄲ ㅋ	[ㄱ]	악 — The final consonant sound of [ㄱ] is first made by placing the back of your tongue on the roof of your mouth, stopping there, and finishing the pronunciation with a closed sound. Be careful not to detach your tongue from the roof of your mouth and pronounce it [아크]. In addition, pronounce it quickly so as not to make it sound like two syllables. 국 밖 부엌
ㄴ	[ㄴ]	안 — The final consonant [ㄴ] ends the pronunciation with the tip of your tongue touching the tissue on the back of your upper front teeth. It is pronounced air goes through your nose. 눈 시간 인천
ㄷ ㅌ ㅅ ㅆ ㅈ ㅊ ㅎ	[ㄷ]	앋 — The final consonant [ㄷ] is also pronounced with the tip of your tongue touching the tissue on the back of your upper teeth. Be careful not to detach your tongue and pronounce it [아트]. 곧 끝 맛 있다 낮 꽃 히읗

46　Korean Pronunciation Guide

Final Consonant	Pronunciation	Manner of Pronunciation	
ㄹ	[ㄹ]	알 **Wait!** In the case of when ㄹ appears consecutively, like 몰라, be careful not to pronounce just one ㄹ.	The final consonant [ㄹ] ends the pronunciation with the tip of your tongue at the back of your upper teeth. Make sure you quickly pronounce ㄹ after pronouncing the vowel so as not to make it sound like two syllables. 달 주말 몰라
ㅁ	[ㅁ]	암	The final consonant [ㅁ] is pronounced with your lips pressed together. Air goes through your nose, not your mouth. 몸 사람 감기
ㅂ ㅍ	[ㅂ]	압	The final consonant [ㅂ] ends the pronunciation with your lips pressed together. Be careful that your lips do not part because if they do, it can produce the sound [아프]. 집 밥 숲
ㅇ	[ㅇ]	앙	The final consonant [ㅇ] ends the pronunciation with the back of your tongue touching the roof of your mouth. The manner of pronunciation is the same as [ㄱ], but the difference is that air goes through the nose, not the mouth, to make the pronunciation. 방 명동 승강장

③ Final Consonants

받침소리의 비교 Comparison of the Final Consonant Sounds

The final consonants [ㄴ], [ㅇ], [ㄷ], and [ㄱ] must be distinguished by the position of the tongue and the degree of how much you open your mouth.

[ㄴ] is pronounced with the tip of your tongue touching the tissue on the back of your upper teeth, but [ㅇ] is pronounced with the back of your tongue touching the roof of your mouth and not the back of your upper teeth. [ㅇ] is pronounced with your jaw dropping lower than [ㄴ].

Track 030

Comparison	[ㄴ] 안	[ㅇ] 앙
Position of Tongue		
Degree of How Much the Mouth is Open		

The cases of [ㄷ] and [ㄱ] are the same. [ㄷ] is pronounced with the tip of your tongue touching the tissue on the back of your teeth, but [ㄱ] is pronounced with the back of your tongue touching the roof of your mouth and not the back of your teeth.

[ㄱ] is pronounced with your jaw dropping lower than [ㄷ].

Track 031

Comparison	[ㄷ] 앋	[ㄱ] 악
Position of Tongue		
Degree of How Much the Mouth is Open		

겹받침 Final Double Consonants

At the end of a syllable, two consonants can come together to make a final double consonant. In Korean final consonant sounds, only one consonant is pronounced, so among the two consonants, only one becomes the sound for the final consonant. The first consonant in the final double consonants ㄳ, ㄵ, ㄶ, ㄼ, ㄽ, ㄾ, ㅀ, and ㅄ are pronounced [ㄱ], [ㄴ], [ㄹ] and [ㅂ], respectively, when they are placed at the end of a word or in front of a consonant. The second consonant in the final double consonants ㄺ, ㄻ, and ㄿ are pronounced [ㄱ], [ㅁ]. and [ㅂ], respectively.

Track 032

When the First Consonants Are Pronounced in a Final Double Consonant

ㄳ	[ㄱ]	삯 [삭]	몫 [목]	넋 [넉]
ㄵ	[ㄴ]	앉다* [안따]	얹다 [언따]	
ㄶ		많다** [만타]	괜찮다 [괜찬타]	
ㄼ	[ㄹ]	여덟 [여덜]	넓다 [널따]	짧다 [짤따]
ㄽ		외곬 [외골]		
ㄾ		핥다 [할따]	훑다 [훌따]	
ㅀ		싫다 [실타]	잃다 [일타]	
ㅄ	[ㅂ]	값 [갑]	없다 [업따]	

> **Wait!**
>
> * Like 앉다[안따], if ㄱ, ㄷ, ㅅ, and ㅈ come after a final double consonant, they are pronounced [ㄲ], [ㄸ], [ㅆ], and [ㅉ], respectively. **Refer to Fortis Articulation p.76**
>
> ** In a final double consonant, only one is pronounced and the other is silent, but the cases of ㄶ and ㅀ, where ㅎ is in the combinations are an exceptions. When ㄱ, ㄷ, and ㅈ come after the final double consonant with ㅎ in it like 많다[만타], then not only is the first final double consonant pronounced, but also the ㅎ combines with ㄱ, ㄷ, and ㅈ, and they are pronounced [ㅋ], [ㅌ], and [ㅊ]. **Refer to Aspirated Consonants p.62**

When the First Consonants are Pronounced in a Final Double Consonant ☑

ㄺ	[ㄱ]	닭 읽다 밝다
ㄻ	[ㅁ]	삶 젊다
ㄿ	[ㅂ]	읊다

In the cases of ㄺ and ㄼ, there is the following exception in their pronunciation.

In the final double consonant ㄺ, the second consonant is pronounced, making this sound [ㄱ]. Nouns such as 닭 are pronounced [ㄱ] without exception. However, in the cases of verbs and adjectives, exceptions happen according to the subsequent consonant. When the consonant that comes after the final double consonant is ㄱ, the final double consonant is not pronounced [ㄱ], but the first consonant of the final double consonant [ㄹ] is pronounced.

In the final double consonant ㄼ, exceptions happen according to the word. Usually, the first consonant in the final double consonant ㄼ is pronounced, making the sound [ㄹ]. But in the cases of 밟다, 넓죽하다, 넓둥글다, and 넓적하다, the second consonant [ㅂ] is pronounced.

	Rule			Exception	
ㄺ ☑	[ㄱ]	닭과 읽다 밝지 맑습니다	ㄺ ☑	[ㄹ]	읽고 밝게 맑거나
ㄼ ☑	[ㄹ]	여덟 넓다	ㄼ ☑	[ㅂ]	밟다 넓죽하다 넓둥글다 넓적하다

Read Along

Track 035

1. Listen carefully and repeat the following.

(1) 남산 한강 연습 강남

(2) 일본 영국 꽃집 국밥

(3) 속 솥 북 붓

(4) 밖 밭 밥 숙 숯 숲

(5) 곰 공 사람 사랑

(6) 돈 돔 동 산 삼 상

(7) 참가 창가 찬가 인삼 인상 인산

(8) 밥 굶지 마세요.

(9) 여덟 시에 만나요.

(10) 넓지 않지만 괜찮다.

(11) 여기에 앉지 마세요.

(12) 닭과 개는 있지만 소는 없다.

Exercise

1. Listen carefully. Mark O if it is correct and X if it is incorrect.

Track 036

(1) 악기 (   )   (2) 하교 (   )

(3) 언제 (   )   (4) 안내 (   )

(5) 걸리다 (   )   (6) 동물 (   )

(7) 만나 (   )   (8) 고연 (   )

(9) 가죽 (   )   (10) 여섯 (   )

③ Final Consonants 51

2. Listen carefully and choose the word that is being pronounced.

(1) ⓐ 언 ⓑ 엄 ⓒ 영

(2) ⓐ 반 ⓑ 밤 ⓒ 방

(3) ⓐ 판 ⓑ 팜 ⓒ 팡

(4) ⓐ 참가 ⓑ 창가 ⓒ 찬가

(5) ⓐ 인산 ⓑ 인삼 ⓒ 인상

(6) ⓐ 밭 ⓑ 밖 ⓒ 밥

(7) ⓐ 이익 ⓑ 이일 ⓒ 이입

(8) ⓐ 곳 ⓑ 곡 ⓒ 곱

(9) ⓐ 닭 ⓑ 닫 ⓒ 답

(10) ⓐ 숙 ⓑ 숯 ⓒ 숲

3. Listen carefully and connect the line to the final consonant being pronounced.

(1) •   • ⓐ [ㄱ]

(2) •

(3) •   • ⓑ [ㄴ]

(4) •   • ⓒ [ㄷ]

(5) •

(6) •   • ⓓ [ㄹ]

(7) •   • ⓔ [ㅁ]

(8) •   • ⓕ [ㅂ]

(9) •

(10) •   • ⓖ [ㅇ]

52 Korean Pronunciation Guide

❹ 연음 Liaison

When a sound ends with a final consonant or a consonant follows immediately after a final consonant, only the following 7 sounds are used: [ㄱ], [ㄴ], [ㄷ], [ㄹ], [ㅁ], [ㅂ], [ㅇ]. When a postpositional particle, ending or suffix beginning with a vowel comes after a final consonant, however, the original sound of the final consonant is carried over as the first sound of the syllable that follows.

e.g. 옷 [옫]   옷이 [오시]

In the case of a final double consonant, and also when a consonant immediately follows a final double consonant, you sound only one of the two consonants in the final double consonant. If a vowel follows immediately after a final double consonant, however, you sound the first consonant of the two as a final consonant, and the second consonant is carried over as the first sound of the syllable that follows.

e.g. 읽다 [익따]   읽어요 [일거요]

Track 039

Final Consonant	Liaison
ㄱ	국이 [구기] 책은 [채근] 먹어요 [머거요] e.g. 태국에 가요.
ㅋ	부엌에 [부어케] 부엌을 [부어클] 동녘이 [동녀키] e.g. 부엌에서 요리를 해요.

Final Consonant	Liaison
ㄲ	밖에 [바께] 밖으로 [바끄로] 깎아요 [까까요] **e.g.** **깎아** 주세요.
ㄴ	눈이 [누니] 신어요 [시너요] 인천에 [인처네] **e.g.** **눈이** 크고 예뻐요.
ㄷ	닫아요 [다다요] 받으세요 [바드세요] 굳은 [구든] **e.g.** 네시에 문을 **닫아요**.
ㅅ	맛이 [마시] 씻어요 [씨서요] 옷을 [오슬] **e.g.** 손을 **깨끗이 씻으세요**.
ㅆ	왔어요 [와써요] 샀으면 [사쓰면] 있어서 [이써서] **e.g.** 저녁에 시간이 **있어요**?
ㅈ	낮에는 [나제는] 찾아요 [차자요] 잊으세요 [이즈세요] **e.g.** **늦어서** 미안해요.

Final Consonant	Liaison
ㅊ	낮이 [나치]　　꽃에 [꼬체]　　빛은 [비츤] e.g. 무슨 **꽃이** 예뻐요?
ㅌ	밑에 [미테]　　같은 [가튼] 맡아서 [마타서] e.g. 나이가 **같아요**.
ㄹ	물은 [무른]　　서울에서 [서우레서] 놀아요 [노라요] e.g. **서울에 살아요**.
ㅁ	몸이 [모미]　　지금은 [지그믄] 처음에 [처으메] e.g. **이름이** 뭐예요?
ㅂ	밥은 [바븐]　　입어요 [이버요]　　집에 [지베] e.g. 우리 **집에** 오세요.
ㅍ	옆으로 [여프로]　　숲에서 [수페서]　　깊이 [기피] e.g. 학교 **앞에서** 만나요.

Final Consonant	Liaison	
ㅎ ㄴㅎ ㄹㅎ	좋은 [조은] 괜찮아요 [괜차나요] 싫어서 [시러서] e.g. 날씨가 좋아요. 생선을 싫어해요.	**Wait!** In the case of ㅎ, it is eliminated when it combines with a vowel, so we do not pronounce it. 좋은 [조흔] (X) Refer to Elimination of ㅎ Pronunciation p.70 사람이 많아요.
ㄹㄱ	맑아서 [말가서] 읽으세요 [일그세요] e.g. 동생이 책을 읽어요.	밝은 [발근]
ㄴㅈ	앉으세요 [안즈세요] 앉은 [안즌] e.g. 여기 앉으세요.	앉아서 [안자서]
ㄹㅌ	핥아요 [할타요] 핥은 [할튼] e.g. 책을 핥어 보세요.	핥으니까 [할트니까]
ㄹㅁ	젊어요 [절머요] 삶으세요 [살므세요] e.g. 젊어 보여요.	굶은 [굴믄]

Final Consonant	Liaison
ㄼ	넓어서 [널버서] 얇은 [얄븐] 밟으면 [발브면] **e.g.** 머리가 **짧아요**.
ㄿ	읊어요 [을퍼요] 읊은 [을픈] 읊으면 [을프면] **e.g.** 시를 **읊어요**.
ㄳ ㄺ ㅄ	몫을 [목쓸] 굵이 [골씨] 없어요 [업써요] **e.g.** 이건 당신 **몫이에요**. 외**곬으로** 생각한다. 과일**값이** 비싸요.

> **Wait!**
> The ㅅ in final double consonants like ㄳ, ㄺ, and ㅄ is pronounced like the fortis sound [ㅆ].
> 없어요 [업서요] (X)   Refer to Fortis Articulation p.76

> **Wait!**
> - The final consonant ㅇ is not carried over as the first sound of the syllable that follow but is pronounced as it is: [ㅇ].
>   **e.g.** 한강에서 [한강에서]   종이 [종이]
> - Chinese character-based words like 음악[으막] and 일요일[이료일] are linked. Nouns of measurement like 원, 월, 일, and -인분 are also linked. Examples are 천원[처눤], 1월 11일[이뤌시비릴], and 3인분[사민분].

연음에서 주의할 점 A Note of Caution for Liaison

The rule of liaison is only applied when a postpositional particle, ending, or suffix beginning with a vowel comes after a final consonant. Even if a syllable begins with a vowel, if it is not a postpositional particle, ending, or suffix, the rule of liaison does not apply. According to the final consonant pronunciation rule, when a full morpheme (word) beginning with the vowels ㅏ, ㅓ, ㅗ, ㅜ, and ㅟ comes after a final consonant, the pronunciation of the final consonant is changed to one of the 7 sounds and is carried over as the first sound of the syllable that immediately follows.

e.g. 옷이[오시]　옷 안[옫|안] → [오단](O)　[오산](X)

Track 040

윗옷	[윋|옫] → [위돋](O)　[위솓](X) e.g. **윗옷**을 두 벌 샀다.
겉옷	[걷|옫] → [거돋](O)　[거톧](X) e.g. 더우면 **겉옷**은 벗으세요.
맛없다	[맏|업따] → [마덥따](O)　[마섭따](X) e.g. 그건 비싸고 **맛없어요**.
밭 아래	[받|아래] → [바다래](O)　[바타래](X) e.g. **밭 아래**에는 강이 흐르고 있다.
꽃 위	[꼳|위] → [꼬뒤](O)　[꼬취](X) e.g. **꽃 위**에 나비가 앉았다.
무릎 위	[무릅|위] → [무르뷔](O)　[무르퓌](X) e.g. 할머니 **무릎 위**에 앉아 놀았다.

58　Korean Pronunciation Guide

부엌 안	[부엌 | 안] → [부어간](O)　[부어칸](X) **e.g.** 부엌 안으로 들어가 봤다.
못 오는	[몯 | 오는] → [모도는](O) [모소는](X) **e.g.** 못 오는 사람은 전화하세요.

> **Wait!**
> According to the rule, the pronunciations of 맛있다 and 멋있다 must be [마딛따] and [머딛따], but [마싣따] and [머싣따] are also acceptable pronunciations.

Read Along

1. Listen carefully and repeat the following.

    Track 041

    (1) 식탁을 닦아요.
    (2) 부엌에서 수박을 먹어요.
    (3) 공원에서 사진을 찍을까요?
    (4) 선물을 받으세요.
    (5) 이것은 무엇인가요?
    (6) 지금은 매운 음식을 잘 먹어요.
    (7) 은행에서 돈을 찾았어요.
    (8) 노트북은 얇을수록 비싸요.
    (9) 오전에 수업이 있어요.
    (10) 지하철에 사람이 많아요.
    (11) 바람이 많이 불어요.
    (12) 날씨가 맑아요.
    (13) 시간이 없으니까 택시를 탑시다.
    (14) 친구들이 앉아 있어요.
    (15) 한국에서 제일 높은 산이 어디예요?

Exercise

1. Listen carefully. Mark O if it is correct and X if it is incorrect.

(1) 없어 (   )   (2) 옆에 (   )
(3) 흙에 (   )   (4) 곳을 (   )
(5) 섞여 (   )   (6) 닫아 (   )
(7) 같은 (   )   (8) 굵어서 (   )
(9) 공원 (   )   (10) 삶은 (   )

2. Listen carefully and choose the correct pronunciation.

(1) 믿어요 ⓐ ⓑ   (2) 꺾어서 ⓐ ⓑ
(3) 꽂은   ⓐ ⓑ   (4) 삶은   ⓐ ⓑ
(5) 동녘에 ⓐ ⓑ   (6) 값에   ⓐ ⓑ
(7) 훑은   ⓐ ⓑ   (8) 앉아   ⓐ ⓑ
(9) 끝으로 ⓐ ⓑ   (10) 젊은이 ⓐ ⓑ

3. Listen carefully and choose the word that is being pronounced.

(1) ⓐ 깎아   ⓑ 깎아   ⓒ 깎아
(2) ⓐ 짚에   ⓑ 집베   ⓒ 집에
(3) ⓐ 밑은   ⓑ 믿은   ⓒ 미른
(4) ⓐ 핥아   ⓑ 하타   ⓒ 할아
(5) ⓐ 일른   ⓑ 일흔   ⓒ 잃은
(6) ⓐ 밟아요 ⓑ 밝아요 ⓒ 발아요
(7) ⓐ 굴어요 ⓑ 굵어요 ⓒ 굼어요
(8) ⓐ 많은   ⓑ 맞은   ⓒ 맞은
(9) ⓐ 앞이   ⓑ 압이   ⓒ 앗이
(10) ⓐ 동은   ⓑ 돈은   ⓒ 돈는

Part II

PRONUNCIATION RULES

격음화 Aspirated Consonants

① 축하 [추카]

Conversation

Track 045

민호   페이 씨, 생일 **축하해요**. 이거 받으세요.

페이   와, 고마워요. **꽃향기**가 좋네요.

민호   페이 씨하고 어울릴 것 같아서 샀어요.

페이   고마워요. 우리 저녁 먹고 노래방에 갈까요?

민호   **좋지요**. 페이 씨는 노래 잘해요?

페이   잘 **못해요**. 하지만 노래방 분위기를 좋아해요.
그리고 한국어도 **연습할** 수 있어서 **좋고요**.

축하해요[추카해요]	꽃향기[꼬턍기]	좋지요[조치요]
못해요[모태요]	연습할[연스팔]	좋고요[조코요]

62   Korean Pronunciation Guide

Pronunciation Rules: Aspirated Consonants (격음화)

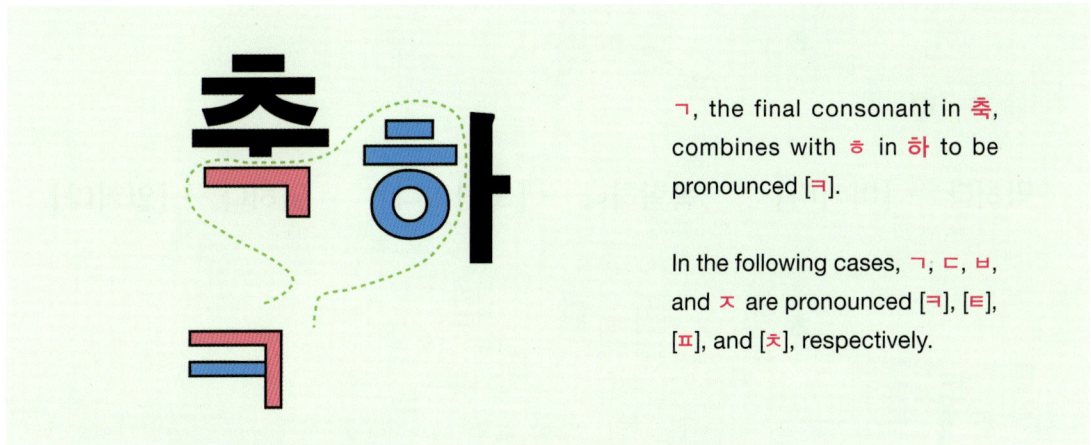

ㄱ, the final consonant in 축, combines with ㅎ in 하 to be pronounced [ㅋ].

In the following cases, ㄱ, ㄷ, ㅂ, and ㅈ are pronounced [ㅋ], [ㅌ], [ㅍ], and [ㅊ], respectively.

1 When ㄱ, ㄷ and ㅈ come after the final consonant ㅎ, ㄶ, and ㅀ, they combine with ㅎ to be pronounced as [ㅋ], [ㅌ] and [ㅊ], respectively.

어떻게 → [어떠케]   끊겨서 → [끈켜서]   잃고 → [일코]

넣다 → [너타]   많다 → [만타]   싫다 → [실타]

놓지 → [노치]   많지 → [만치]   잃지 → [일치]

2 When ㅎ comes after the final consonants ㄱ, ㄹㄱ, ㄷ, ㅂ, ㄹㅂ, ㅈ, and ㄵ, ㄱ, ㄷ, ㅂ, and ㅈ combine with ㅎ to be pronounced [ㅋ], [ㅌ], [ㅍ], and [ㅊ], respectively.

3. The sounds of the final consonants ㅅ, ㅈ, ㅊ, and ㅌ are changed to [ㄷ] and then combine with ㅎ to be pronounced [ㅌ].

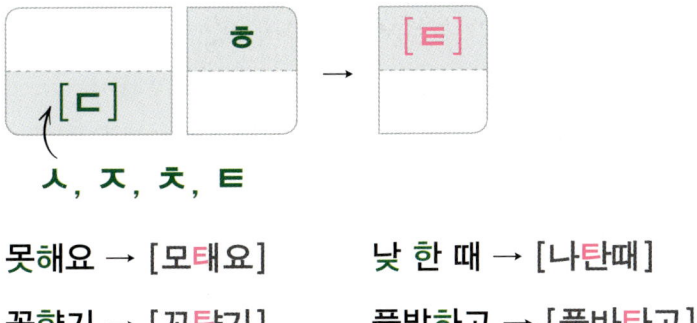

못해요 → [모태요]   낮 한 때 → [나탄때]
꽃향기 → [꼬턍기]   풀밭하고 → [풀바타고]

Read Along

Track 046

1. Listen carefully and repeat.

(1)

좋고	놓고	닿고	끊겨서	닳고
	쌓다	괜찮다	않다	싫다
	좋지요	많지만	잃지	앓지

(2)

축하	막혀요	시작합니다	밝혀서	읽혀요
	맏형	답답해요	입혀요	밟혔어요
	맞히다	잊히다	앉히세요	업히고

(3)

못 해요	옷하고	낮하고	몇 호실	밭하고

Aspirated Consonants

2. Listen to the following sentences carefully and repeat them.

(1)　물건을 그렇게 쌓지 마세요.
　　　　　　　[그러케][싸치]

(2)　건강을 잃지 않도록 조심하세요.
　　　　　　[일치][안토록]

(3)　백화점에 가서 장갑하고 모자를 샀습니다.
　　　[배콰점]　　　　[장가파고]

(4)　민수 씨는 든든한 맏형이에요.
　　　　　　　　　　　[마텽]

(5)　밥을 급하게 먹었더니 얹혔어요.
　　　　　　[그파게]　　　　[언처써요]

(6)　밥솥하고 냉장고를 바꾸고 싶어요.
　　　[밥쏘타고]

(7)　따뜻한 차를 마시고 싶어요.
　　　[따뜨탄]

(8)　브라질은 우리나라와 낮하고 밤이 정반대예요.
　　　　　　　　　　　　[나타고]

(9)　시청에 가려면 몇 호선을 타야 해요?
　　　　　　　　　　[며토선]

(10)　정답을 맞히면 선물을 드립니다.
　　　　　　　[마치면]

Exercise

Track 048

1. Listen carefully. Mark O if it is correct and X if it is incorrect.

   (1) 꽃향기 (   )   (2) 북해도 (   )

   (3) 읽히자 (   )   (4) 놓도록 (   )

   (5) 쌓지 (   )   (6) 많다 (   )

   (7) 넓히고 (   )   (8) 앉히면 (   )

   (9) 옷하고 (   )   (10) 닳다 (   )

Track 049

2. Listen carefully and choose the correct pronunciation.

   (1) 끊고   ⓐ   ⓑ

   (2) 많지요   ⓐ   ⓑ

   (3) 백화점   ⓐ   ⓑ

   (4) 입혀요   ⓐ   ⓑ

   (5) 앉히고   ⓐ   ⓑ

   (6) 잊혀진   ⓐ   ⓑ

   (7) 깨끗한   ⓐ   ⓑ

   (8) 낮 한 때   ⓐ   ⓑ

   (9) 꽃 한 송이 ⓐ   ⓑ

   (10) 밭하고   ⓐ   ⓑ

Aspirated Consonants

3. Mark all the underlined words that fit the aspirated consonants rule as shown in the example below.

> e.g.
> 이 꽃 한 송이에 얼마예요?
>   ✓   ⓑ

(1) 색깔이 너무 빨갛다고 싫대요.
                  ⓐ   ⓑ

(2) 학생들을 이쪽에 앉혀 주세요.
    ⓐ   ⓑ

(3) 잘못을 했으면 떳떳하게 밝히고 용서를 구하세요.
                ⓐ   ⓑ

(4) 길이 막혀서 한 사람도 지나갈 수 없어요.
        ⓐ   ⓑ

(5) 학교 앞 도로를 넓히기 위한 공사를 진행 중입니다.
              ⓐ   ⓑ

4. Pick the sentence that makes the most sense to fill each blank. Write down the letter of that sentence.

> ⓐ 운전자의 졸음운전 때문인 것으로 **밝혀졌어요**.
> ⓑ 졸업 **축하** 선물로 **옷 한 벌** 해 줄까 해요.
> ⓒ 이번에 회장으로 **뽑혔다면서요**?
> ⓓ 요즘 세일 기간이라서 **백화점**에 사람이 **많지요**?

(1) 가: _____   (2) 가: 경찰 조사 결과가 **어떻게** 나왔어요?
    나: 네, 정말 **많더라고요**.   나: _____

(3) 가: _____   (4) 가: _____
    나: 조카가 좋아하겠어요.   나: 네, 학생들을 위해서 열심히 일할 생
                                   각이에요.

5. Use the suggested expressions in the box to create a story as shown in the example below.

e.g.

백화점 Department Store

백화점	주차장을 넓히다
공사를 시작하다	복잡하다
옷하고 가방	구경을 못하다

지난 주말에 집 근처에 있는 **백화점**에 갔습니다. 이 **백화점**은 얼마 전에 주차장을 **넓히는** 공사를 **시작했는데** 그 후로 주변 도로가 항상 **복잡합니다**. 다음 주가 동생 생일이라서 선물로 줄 **옷하고** 가방을 사러 갔지만 사람들이 너무 많아서 구경도 **못하고** 그냥 왔습니다.

명동 Myeongdong

화장품 가게	옷가게
많다	관광객
복잡하다	급하다
발을 밟히다	

---

① Aspirated Consonants

ㅎ 발음 탈락 Elimination of ㅎ Pronunciation

② 괜찮아요 [괜차나요]

Conversation

Track 050

지원   표정이 왜 그렇게 안 **좋아요**? 무슨 일 있어요?

페이   학교 오다가 지갑을 **잃어버렸어요**.

지원   어떡해요. 지갑에 돈이 **많이** 있었어요?

페이   아니요, 현금은 별로 없어서 **괜찮아요**. 카드도 분실 신고했고요.
     그런데 지갑 안에 **넣어 놓은** 사진은 소중한 거라서 찾고 싶어요.

지원   너무 걱정하지 마세요. 지갑을 주운 사람이 돌려줄지도 몰라요.

페이   그랬으면 좋겠네요.

좋아요[조아요]   잃어버렸어요[이러버려써요]   많이[마니]
괜찮아요[괜차나요]   넣어[너어]   놓은[노은]

Pronunciation Rule: Elimination of ㅎ Pronunciation (ㅎ발음 탈락)

The final consonant ㅎ in 찮 combines with a vowel, so ㅎ is not pronounced.

In the following cases, ㅎ is not pronounced.

1 When the final consonants ㅎ, ㄶ, and ㅀ are followed by a vowel, ㅎ is not pronounced.

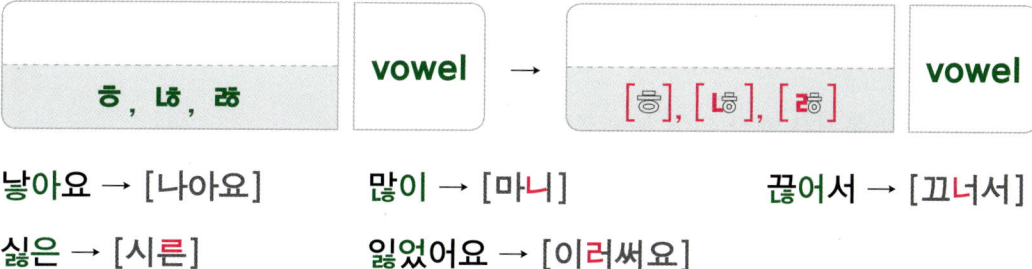

낳아요 → [나아요]　　많이 → [마니]　　끊어서 → [끄너서]
싫은 → [시른]　　잃었어요 → [이러써요]

2 When the final consonants ㄶ and ㅀ are followed by ㄴ, ㅎ is not pronounced.

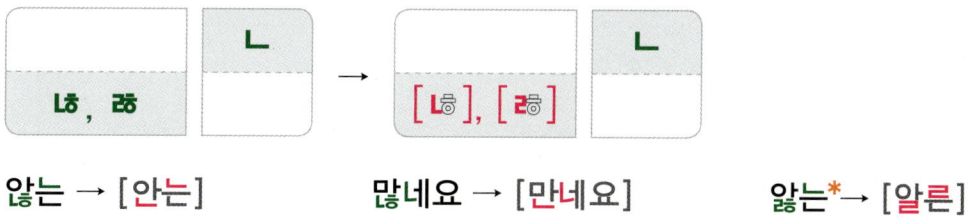

않는 → [안는]　　많네요 → [만네요]　　앓는* → [알른]

Reference: ㅎ약화

When the final consonants ㄴ, ㄹ, ㅁ, and ㅇ are followed by ㅎ, the pronunciation of ㅎ must not be eliminated, but, in reality, people may pronounce ㅎ weakly or not pronounce it all.

e.g. 은행 [은행]/[으냉]　전화 [전화]/[저놔]　결혼 [결혼]/[겨론]
실행 [실행]/[시랭]　남행 [남행]/[나맹]　범행 [범행]/[버맹]
영향 [영향]/[영양]　공항 [공항]/[공앙]

Wait!

* The ㅎ pronunciation is eliminated, and ㄹ and ㄴ are combined, changing the pronunciation of ㄴ to ㄹ.

Refer to Liquidization p.112

Read Along

1. Listen carefully and repeat.

Track 051

   (1)

좋아요	좋으세요	넣었어요	쌓여서
	많아요	싫은가요	끓였어요

   (2)

많네요	먹지 않는	괜찮네요	뚫는다

2. Listen to the following sentences carefully and repeat them.

Track 052

   (1) 그 물건은 책상 위에 <u>놓으세요</u>.
   　　　　　　　　　　[노으세요]

   (2) 스트레스가 <u>쌓이면</u> 어떻게 하세요?
   　　　　　　[싸이면]

   (3) 매운 음식은 별로 <u>좋아하지</u> <u>않아요</u>.
   　　　　　　　　　[조아하지][아나요]

   (4) 지금 라면을 <u>끓이고</u> 있어요.
   　　　　　　　[끄리고]

   (5) 시장에 사람이 참 <u>많네요</u>.
   　　　　　　　　　[만네요]

   (6) 가방에 뭘 이렇게 <u>많이</u> <u>넣었어요</u>?
   　　　　　　　　　[마니][너어써요]

   (7) 돼지고기를 <u>싫어하는</u> 사람도 있어요.
   　　　　　　[시러하는]

   (8) 저는 물을 <u>끓여서</u> 마십니다.
   　　　　　　[끄려서]

(9) 이건 벽에 구멍을 뚫는 기계예요.
 [뚤른]

(10) 이 신발만 신었더니 신발이 많이 닳았어요.
 [다라써요]

Exercise

1. Listen carefully. Mark O if it is correct and X if it is incorrect.

(1) 좋아요 (　　)　　(2) 놓아요 (　　)
(3) 넣어도 (　　)　　(4) 쌓이다 (　　)
(5) 많네요 (　　)　　(6) 끊어서 (　　)
(7) 닳는다 (　　)　　(8) 끓어요 (　　)
(9) 싫으면 (　　)　　(10) 괜찮은 (　　)

2. Listen carefully and choose the correct pronunciation.

(1) 쌓이면　　ⓐ　　ⓑ
(2) 않아　　ⓐ　　ⓑ
(3) 괜찮아　　ⓐ　　ⓑ
(4) 끊으세요　　ⓐ　　ⓑ
(5) 닳아서　　ⓐ　　ⓑ
(6) 낳았는데　　ⓐ　　ⓑ
(7) 옳은　　ⓐ　　ⓑ
(8) 가지 않는　　ⓐ　　ⓑ
(9) 싫은 사람　　ⓐ　　ⓑ
(10) 넣으세요　　ⓐ　　ⓑ

3. Mark all the underlined words that fit the elimination of the ㅎ pronunciation rule as shown in the example below.

> **e.g.**
> 많고 많은 사람 중에 당신을 사랑해요.
> ⓐ   ✓ⓑ

(1) 넌 재능도 소질도 없잖아. 내가 그 일을 맡는 게 낫지 않을까?
                            ⓐ   ⓑ

(2) 동생이 많이 아끼는 물건이니까 사용한 후에는 상자에 넣어 주세요.
            ⓐ   ⓑ

(3) 이 서류는 희영 씨 책상 위에 놓아 주세요.
              ⓐ   ⓑ

(4) 대답 못하는 게 아니라 그냥 알려 주기 싫은 거 아니에요?
        ⓐ   ⓑ

(5) 감기 몸살을 앓을 때는 생강차, 피로가 쌓였을 때는 레몬차!
            ⓐ   ⓑ

4. Pick the sentence that makes the most sense to fill in each blank. Write down the letter of that sentence.

> ⓐ 일이 좀 **많았어요**.
> ⓑ 아무리 쉬어도 피로가 풀리지 **않네요**.
> ⓒ 이 보고서 어디에 **놓을까요**?
> ⓓ 이런 날은 지하철을 타는 게 **좋을** 것 같아요.

(1) 가: _____
    나: 과장님 책상 위에 놓고 가세요.

(2) 가: 밤새 눈이 **많이** 내려서 길이 막힐 것 같아요.
    나: _____

(3) 가: 요즘 왜 수업에 안 나왔어요?
    나: _____

(4) 가: _____
    나: 피로가 **쌓였을** 때는 요가나 스트레칭을 하면 효과가 있어요.

5. Use the suggested expressions in the box to create a story as shown in the example below.

> **e.g.**
>
> ### 치즈 라면 만들기 Making Cheese Ramyeon
>
>
>
> 물을 끓이다
> 면을 넣다
> 그릇에 담다
> 치즈를 넣다
>
> 여러분, 라면을 **좋아하세요**? 오늘은 치즈 라면을 만들어 봐요.
> 먼저 냄비에 물을 넣고 **끓이세요**. 그리고 물이 **끓으면** 면과 스프를 **넣으세요**. 5분 정도 더 **끓이세요**. 다 **끓으면** 불을 끄고 그릇에 담으세요. 거기에 치즈를 **넣어서** 드시면 됩니다. 쉽지요? 여러분도 한번 해 보세요.

스파게티 만들기 Making Spaghetti

물을 끓이다	스파게티 면을 넣다
토마토를 먹기 좋은 크기로 자르다	소스를 만들다	채소를 볶다

경음화 Fortis Articulation

③ 식당 [식땅]

Conversation

Track 055

페이   저스틴, 점심 **먹고 갈 거야**? 같이 먹을래?

저스틴   응, 아침을 못 먹어서 너무 배고파.

페이   넌 보통 아침 **먹고** 오잖아.

저스틴   오늘은 **늦잠** 자서 **밥도** 못 **먹고** 머리도 못 **감고** 왔어.

페이   **학생 식당**으로 갈까?

저스틴   그래, 빨리 가자. **늦게** 가면 **앉을 데가 없더라**.

먹고[먹꼬]   갈 거야[갈꺼야]   늦잠[늗짬]   밥도[밥또]   감고[감꼬]
학생 식당[학쌩식땅]   늦게[늗께]   앉을 데[안즐떼]   없더라[업떠라]

Pronunciation Rule: Fortis Articulation (경음화)

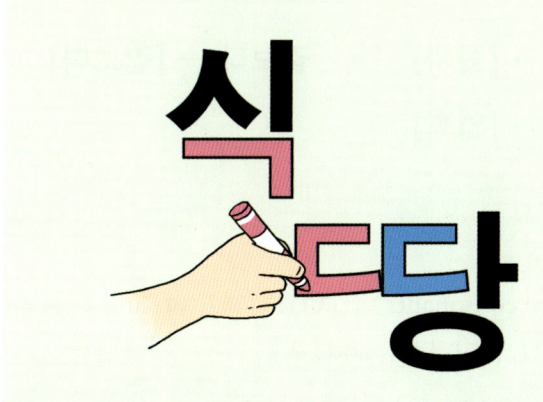

The final consonant ㄱ in 식 and ㄷ in 당 are combined, changing the pronunciation of ㄷ to [ㄸ].

In the following cases, ㄱ, ㄷ, ㅂ, ㅅ and ㅈ turn into the fortis sound, [ㄲ], [ㄸ], [ㅃ], [ㅆ], and [ㅉ].

1 When ㄱ, ㄷ, ㅂ, ㅅ, and ㅈ follow the final consonants ㄱ(ㄲ, ㅋ, ㄳ, ㄺ), ㄷ(ㅅ, ㅆ, ㅈ, ㅊ, ㅌ), and ㅂ(ㅍ, ㄼ, ㄿ, ㅄ) that are pronounced [ㄱ], [ㄷ], and [ㅂ], they are pronounced [ㄲ], [ㄸ], [ㅃ], [ㅆ], and [ㅉ].

	ㄱ ㄷ ㅂ ㅅ ㅈ	→	[ㄲ] [ㄸ] [ㅃ] [ㅆ] [ㅉ]
ㄱ (ㄲ, ㅋ, ㄳ, ㄺ)			

축구 → [축꾸]  학비 → [학삐]

깎습니다 → [깍씀니다] 읽지* → [익찌]

> **Wait!**
>
> * In the case of the final double consonant ㄺ, the second consonant ㄱ is pronounced [ㄱ], as in 읽지[익찌], but it can also turn into a fortis sound when the first consonant ㄹ is pronounced [ㄹ], turning it into 읽고[일꼬]. For ㄺ pronunciation, Refer to Final Consonants p.45

	ㄱ ㄷ ㅂ ㅅ ㅈ	→	[ㄲ] [ㄸ] [ㅃ] [ㅆ] [ㅉ]
ㄷ (ㅅ, ㅆ, ㅈ, ㅊ, ㅌ)			

듣기 → [듣끼] 꽃다발 → [꼳따발] 팥빙수 → [팓삥수]

있습니다 → [읻씀니다] 낮잠 → [낟짬]

❸ Fortis Articulation

입구 → [입꾸]   밟다 → [밥따]   값보다 → [갑뽀다]

읊습니다 → [읍씀니다]   없지 → [업찌]

2. When ㄱ, ㄷ, ㅅ, and ㅈ come after the final consonants ㄴ(ㄵ), ㅁ(ㄻ), ㄼ, and ㄾ in an adjective or a verb, they are pronounced [ㄲ], [ㄸ], [ㅆ], and [ㅉ].

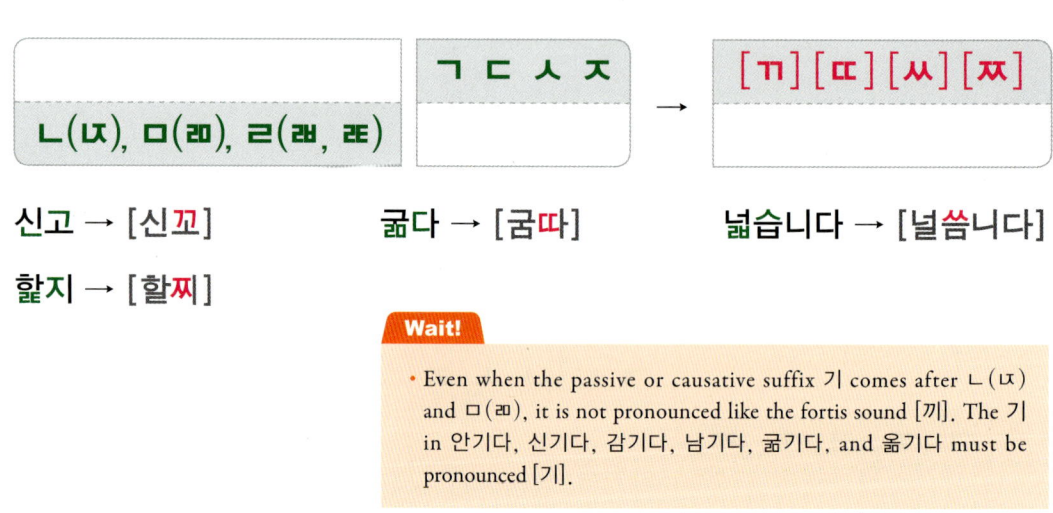

신고 → [신꼬]   굶다 → [굼따]   넓습니다 → [널씀니다]

핥지 → [할찌]

Wait!
- Even when the passive or causative suffix 기 comes after ㄴ(ㄵ) and ㅁ(ㄻ), it is not pronounced like the fortis sound [끼]. The 기 in 안기다, 신기다, 감기다, 남기다, 굶기다, and 옮기다 must be pronounced [기].

3. When the final consonant ㅎ, ㄶ, and ㅀ is followed by ㅅ, ㅅ is pronounced [ㅆ].

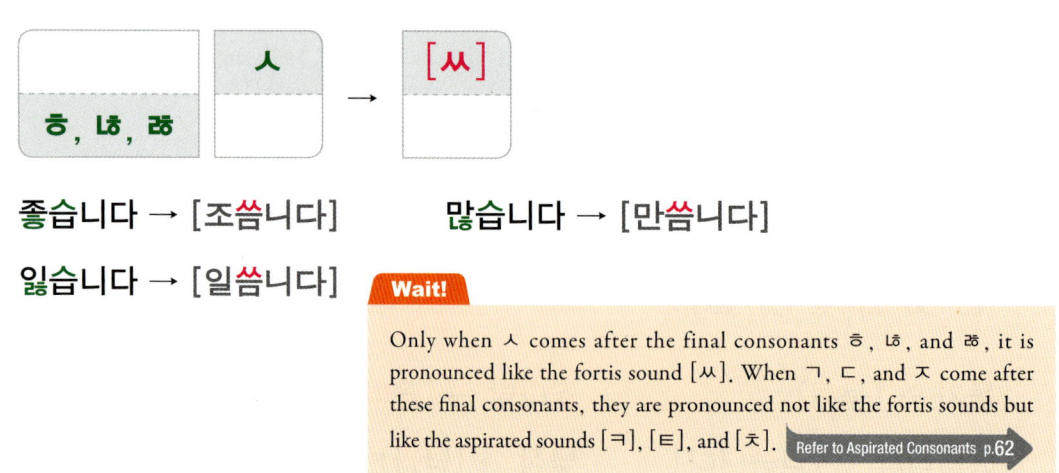

좋습니다 → [조씀니다]   많습니다 → [만씀니다]

잃습니다 → [일씀니다]

Wait!
Only when ㅅ comes after the final consonants ㅎ, ㄶ, and ㅀ, it is pronounced like the fortis sound [ㅆ]. When ㄱ, ㄷ, and ㅈ come after these final consonants, they are pronounced not like the fortis sounds but like the aspirated sounds [ㅋ], [ㅌ], and [ㅊ]. Refer to Aspirated Consonants p.62

4 When ㄱ, ㄷ, ㅂ, ㅅ, and ㅈ come after -(으)ㄹ that immediately follows a verb or adjective, they are pronounced [ㄲ], [ㄸ], [ㅃ], [ㅆ], and [ㅉ]. If a pause is made, then the sound is pronounced as a lenis sound, not a fortis sound.

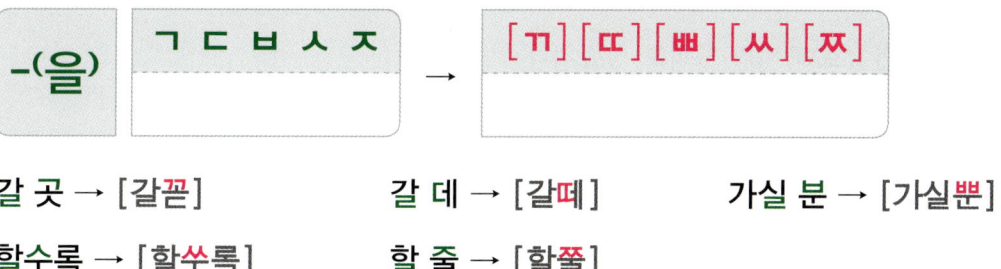

갈 곳 → [갈꼳]   갈 데 → [갈떼]   가실 분 → [가실뿐]
할수록 → [할쑤록]   할 줄 → [할쭐]

Read Along

1. Listen carefully and repeat.

Track 056

(1)
| 식당 | 약속 | 읽지만 | 깎다 | 부엌과 |
| | 있던 | 듣고 | 옆집 | 잡지 |

(2)
| 신고 | 앉다 | 감습니다 | 젊지 |
| | 넓고 | 얇다 | 핥지 |

(3)
| 좋습니다 | 그렇습니다 | 어떻습니까 | 까맣습니다 |
| | 않습니다 | 괜찮습니다 | 잃습니다 |

(4)
갈 거예요	올 것 같아요	갈 데가 있어요
	잘 방이 없어요	배울수록 재미있어요
	안 올지도 몰라요	

2. Listen to the following sentences carefully and repeat them.

Track 057

(1) 팥빙수도 먹고 아이스크림도 먹을 거예요.
[팓삥수] [먹꼬]   [머글꺼예요]

(2) 밥값보다 비싼 커피도 있습니다.
[밥깝뽀다]   [읻씀니다]

(3) 한국 역사에 관심이 많습니다.
    [역싸]   [만씀니다]

(4) 이건 대학교 때 많이 듣던 노래예요.
    [대학꾜]   [듣떤]

(5) 구두는 자주 신지 않습니다.
              [신찌][안씀니다]

(6) 속도를 좀 줄여야겠지요?
[속또]   [겓찌요]

(7) 낮과 밤이 바뀐 생활은 좋지 않습니다.
[낟꽈]   [안씀니다]

(8) 동생 졸업식에 가려고 꽃다발을 샀어요.
    [조럽씩]   [꼳따발]

(9) 아침을 굶고 출근하는 직장인이 많습니다.
        [굼꼬]   [직짱인] [만씀니다]

(10) 갑자기 추워질 줄 몰랐어요.
[갑짜기][추워질쭐]

Exercise

Track 058

1. Listen carefully. Mark O if it is correct and X if it is incorrect.

   (1)　같고　　　　(　　)

   (2)　맑다가　　　(　　)

   (3)　넓고　　　　(　　)

   (4)　빨갛습니다　(　　)

   (5)　좁다　　　　(　　)

   (6)　핥지　　　　(　　)

   (7)　신고　　　　(　　)

   (8)　값진　　　　(　　)

   (9)　낯선　　　　(　　)

   (10) 깎다　　　　(　　)

2. Listen carefully and choose the correct pronunciation.

Track 059

(1) 듣지   ⓐ   ⓑ

(2) 잡고   ⓐ   ⓑ

(3) 굶다   ⓐ   ⓑ

(4) 직접   ⓐ   ⓑ

(5) 갈게요   ⓐ   ⓑ

(6) 햇볕   ⓐ   ⓑ

(7) 앉지   ⓐ   ⓑ

(8) 갔습니다 ⓐ   ⓑ

(9) 옆집   ⓐ   ⓑ

(10) 떡국   ⓐ   ⓑ

3. Listen carefully. Circle all of the words that are pronounced like the fortis sound.

Track 060

요즘 감기에 걸린 사람이 (많습니다) 저도 감기에 걸려서 오늘은 학교에 가지 못했습니다. 갑자기 추워졌는데 매일 아침에 머리를 감고 말리지 않은 채로 학교에 가고 양말도 신지 않아서 감기에 걸린 것 같습니다. 약국에 가서 감기약을 사고 과일도 조금 샀습니다. 감기에는 과일과 차가 좋습니다. 약도 먹고 차도 한 잔 마셨더니 졸려서 낮잠을 잤습니다. 저녁에는 숙제를 하고 텔레비전을 봤습니다. 내일 친구와 농구를 하기로 약속했는데 할 수 있을지 모르겠습니다.

4. Pick the sentence that makes the most sense to fill in each blank. Write down the letter of that sentence.

> ⓐ 남이섬에 가서 사진도 **찍고** 닭갈비도 먹었어요.
> ⓑ 내일 **읽기** 시험도 있고 **듣기** 시험도 **있거든요**.
> ⓒ 약을 **먹었지만** 감기가 **낫지** 않네요.
> ⓓ 여기는 다른 **집보다** 방도 많고 **부엌도** 넓지요?

(1) 가: 주말에 뭐 했어요?

　　나: _____

(2) 가: _____

　　나: 집에 일찍 가서 쉬는 게 어때요?

(3) 가: _____

　　나: 네, **생각보다** 좋은데요.

(4) 가: **공부할 게** 많은가 봐요.

　　나: _____

5. Use the suggested expressions in the box to create a story as shown in the example below.

e.g.

친구와 나 My Friend and I

많다	먹다
입다	신다
듣다	읽다
있다	없다

저와 친구는 다른 점이 **많습니다**. 저는 매운 음식을 아주 잘 **먹지만** 친구는 잘 못 먹습니다. 저는 운동화를 자주 **신고** 구두는 자주 **신지 않습니다**. 친구는 매일 구두를 **신고** 치마를 자주 **입습니다**. 저는 치마를 자주 **입지 않습니다**. 시간이 있을 때 저는 음악을 **듣고** 친구는 책을 **읽습니다**. 저는 동생이 2명 **있지만** 친구는 동생이 **없습니다**. 같은 점도 **있습니다**. 저도 오빠가 **있고** 친구도 오빠가 **있습니다**.

친구와 나 My Friend and I

| 많다 | 먹다 | 입다 | 신다 | 있다 | 없다 |

Reference: Words that Change into a Fortis Sound

- ㄷ, ㅅ, and ㅈ that come after the final consonant ㄹ in Chinese-based words are pronounced like the fortis sounds [ㄸ], [ㅆ], and [ㅉ].

    발달(發達) [발딸]   갈등(葛藤) [갈뜽]   발생(發生) [발쌩]

    결석(缺席) [결썩]   발전(發展) [발쩐]   결정(決定) [결쩡]

- ㄱ, ㄷ, ㅂ, ㅅ, and ㅈ in some words are pronounced [ㄲ], [ㄸ], [ㅃ], [ㅆ], and [ㅉ] even when the final consonant of the word immediately before these consonants is not [ㄱ], [ㄷ], or [ㅂ].

    권(券): 여권 [여꿘], 입장권 [입짱꿘]

    과(科): 내과 [내꽈], 치과 [치꽈]

    격(格): 성격 [성껵]

    기(氣): 인기 [인끼]

    법(法): 문법 [문뻡], 사용법 [사용뻡]

    점(點): 장점 [장쩜], 문제점 [문제쩜]

    증(證): 학생증 [학쌩쯩], 면허증 [면허쯩]

    밥: 비빔밥 [비빔빱], 아침밥 [아침빱]

    집: 술집 [술찝], 빵집 [빵찝]

    동안: 2년 동안 [이년똥안], 일주일 동안 [일쭈일똥안]

> **Wait!**
>
> It is important to learn the pronunciation of each word as a consonant can turn into the fortis sound, as in 비빔밥[비빔빱], or not turn into the fortis sound, as in 복음밥[보끔밥], depending on the word that comes immediately before it.

구개음화 Palatalization

④ 같이 [가치]

Conversation

Track 061

저스틴   지금 서점 문 닫았을까?

지원   지난번에 가니까 이 시간에는 **닫혀** 있었어. 그런데 왜?

저스틴   여행 안내서를 살까 해서. 친구랑 **같이** 바다를 보러 가고 싶은데 어디가 좋을까?

지원   정동진에 가 봤어? 거기 **해돋이**로 유명해.

저스틴   그래? 그럼 정동진에 가 봐야겠다.

닫혀(닫히어)[다처]   같이[가치]   해돋이[해도지]

86   Korean Pronunciation Guide

Pronunciation Rule: Palatalization (구개음화)

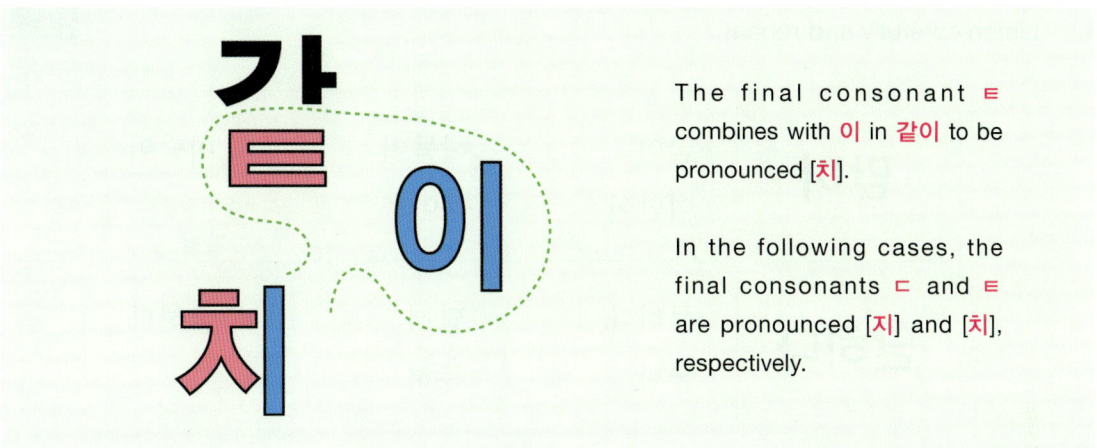

The final consonant ㅌ combines with 이 in 같이 to be pronounced [치].

In the following cases, the final consonants ㄷ and ㅌ are pronounced [지] and [치], respectively.

1 When the final consonant ㄷ combines with 이, it becomes [지], and when ㄷ combines with 히, it becomes [치].

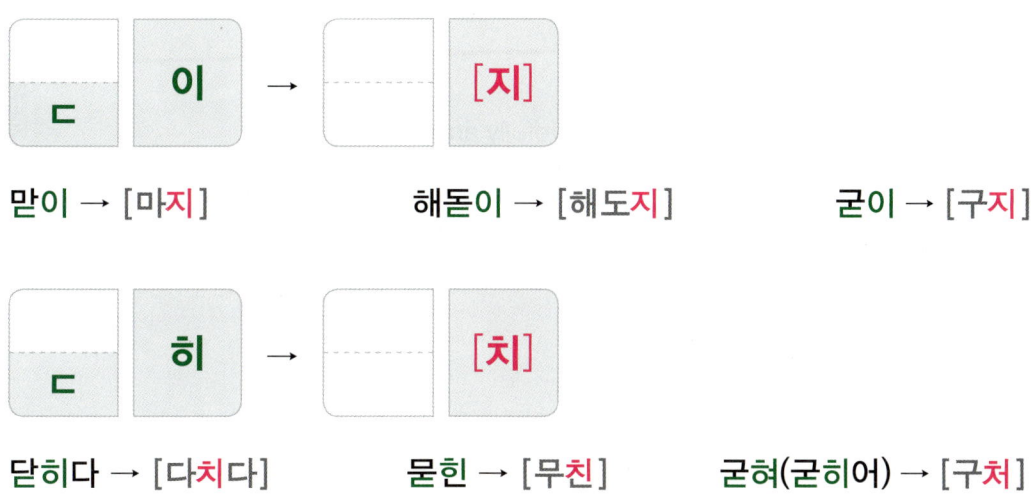

맏이 → [마지]   해돋이 → [해도지]   굳이 → [구지]

닫히다 → [다치다]   묻힌 → [무친]   굳혀(굳히어) → [구처]

2 When the final consonant ㅌ combines with 이, it becomes [치].

같이 → [가치]   끝이다 → [끄치다]   붙여(붙이어) → [부처]

Read Along

Track 062

1. Listen carefully and repeat.

   (1)

맏이	굳이	해돋이	미닫이
	여닫이	곧이	

닫히다	묻히다	닫혀	굳히다
	굳힌	돋혀	

   (2)

같이	바깥이	붙이다	붙여
	솥이에요	밭입니다	

Track 063

2. Listen to the following sentences carefully and repeat them.

   (1) 큰 솥이 필요해요.
        [소치]

   (2) 우표를 여기에 붙였어요.
        [부처써요]

   (3) 햇볕이 좋아요.
        [핻뼈치]

   (4) 바깥이 어두워요.
        [바까치]

   (5) 머리숱이 적은 편이에요.
        [머리수치]

(6) 전 우리 언니하고 똑같이 생겼어요.
[똑까치]

(7) 바쁘시면 굳이 안 오셔도 돼요.
[구지]

(8) 그 묘지에는 군인들이 묻혀 있다.
[무처]

(9) 지금 엘리베이터에 갇혔어요.
[가처써요]

(10) 내 말을 곧이곧대로 듣지 않습니다.
[고지]

Exercise

Track 064

1. Listen carefully. Mark O if it is correct and X if it is incorrect.

   (1) 솥이   (   )

   (2) 꽃밭이   (   )

   (3) 여닫이   (   )

   (4) 굳혀   (   )

   (5) 맡은   (   )

   (6) 쏟아   (   )

   (7) 피붙이   (   )

   (8) 팥에   (   )

   (9) 받혀   (   )

   (10) 숱이   (   )

④ Palatalization

2. Listen carefully and choose the correct pronunciation.

(1) 같이 ⓐ ⓑ
(2) 붙이세요 ⓐ ⓑ
(3) 끝을 ⓐ ⓑ
(4) 바깥은 ⓐ ⓑ
(5) 갇혀 ⓐ ⓑ
(6) 맏이 ⓐ ⓑ
(7) 묻히다 ⓐ ⓑ
(8) 돋은 ⓐ ⓑ
(9) 굳이 ⓐ ⓑ
(10) 숱이 ⓐ ⓑ

3. Pick the sentence that makes the most sense to fill in each blank. Write down the letter of that sentence.

> ⓐ 이 신청서에 사진을 **붙이고** 성함과 외국인 등록 번호를 적어 주세요.
> ⓑ **머리숱이** 많은 편이니까 너무 걱정하지 마세요.
> ⓒ 아기가 누구를 닮았어요?
> ⓓ 가게 문이 **닫혀** 있네요.

(1) 가: 어떤 서류가 필요한가요?
　　나: _____

(2) 가: _____
　　나: 엄마랑 **똑같이** 생겼어요.

(3) 가: 요즘 머리가 많이 빠져서 고민이에요.
　　나: _____

(4) 가: _____
　　나: 일요일은 쉬나 봐요.

4. Use the suggested expressions in the box to describe the picture.

| 미닫이문 | 창문 | 닫히다 | 같이 |
| 맏이 | 붙이다 | 옥수수 밭 | 햇볕 |

오늘은 맑고 _____ 이/가 강한 날입니다. 대문은 열려 있고

바깥에는 _____ 이/가 보입니다. _____ 은/는

열려 있고 창문은 _____ 아/어 있습니다. 아버지와 둘째는

_____ 청소를 하고 있고 막내는 책을 읽고 있습니다. 그리고

_____ 은/는 벽에 가훈을 _____ 고 있습니다.

비음화 ① Nasalization ①

⑤ 박물관 [방물관]

Conversation

지원 저스틴, 심심한데 뭐 **재미있는** 거 없을까?

저스틴 **한국 문화** 수업 **끝나고 박물관**에 갈래?

지원 좋아. 그런데 박물관 가기 전에 밥부터 먹자. 맛집을 찾았어.

저스틴 맛집? 그게 뭐야?

지원 음식이 **맛있는** 식당을 맛집이라고 불러.

저스틴 넌 새로운 식당 참 잘 **찾는다**! 그럼 **밥 먹으러** 가자.

재미있는[재미인는]   한국문화[한궁문화]   끝나고[끈나고]   박물관[방물관]
맛있는[마신는]   찾는다[찬는다]   밥 먹으러[밤머그러]

Pronunciation Rule: Nasalization ① (비음화 ①)

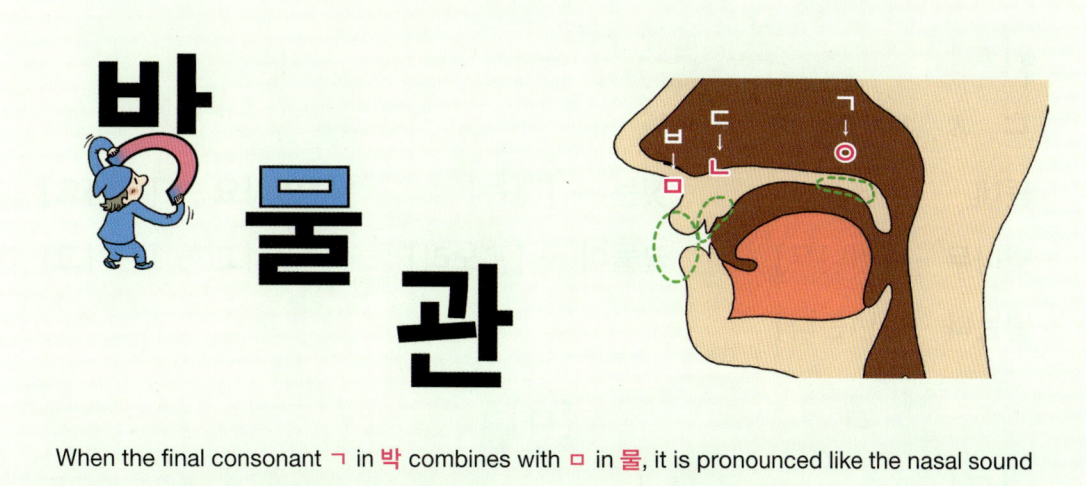

When the final consonant ㄱ in 박 combines with ㅁ in 물, it is pronounced like the nasal sound [ㅇ], whose sound resembles the nasal sound ㅁ and is produced in the same location as ㄱ.

In the following cases, the final consonants [ㄱ], [ㄷ] and [ㅂ] are pronounced as [ㅇ], [ㄴ] and [ㅁ], respectively.

1 When the final consonant sound [ㄱ] combines with ㄴ and ㅁ, it is pronounced [ㅇ].

작년 → [장년]   볶는다 → [봉는다]   읽네요 → [잉네요]

박물관 → [방물관]   부엌문 → [부엉문]   몫만 → [몽만]
흙먼지 → [흥먼지]

2   When the final consonant [ㄷ] combines with ㄴ and ㅁ, it is pronounced [ㄴ].

ㄷ, ㅅ, ㅆ, ㅈ, ㅊ, ㅌ, ㅎ

듣네 → [든네]   젓는 → [전는]   있나요 → [인나요]

벚나무 → [번나무]   꽃놀이 → [꼰노리]   끝나고 → [끈나고]

넣는다 → [넌는다]

ㄷ, ㅅ, ㅆ, ㅈ, ㅊ, ㅌ, ㅎ

다섯 명 → [다선명]   낮말 → [난말]   몇 마리 → [면마리]

팥만 → [판만]   히읗만 → [히은만]

3   When the final consonant [ㅂ] combines with ㄴ and ㅁ, it is pronounced [ㅁ].

ㅂ, ㅍ, ㄼ, ㄿ, ㅄ

십년 → [심년]   덮는 → [덤는]   밟는다 → [밤는다]

읊네 → [음네]   없나요 → [엄나요]

ㅂ, ㅍ, ㄼ, ㄿ, ㅄ

아홉 명 → [아홈명]   앞문 → [암문]

Read Along

1. Listen carefully and repeat.

   (1)

작년	먹는	한국 노래	막내	섞는다
	흙냄새	2학년	밝네요	

박물관	한국말	목마르다	악마	태극 무늬
	국물	숙면	핵무기	

   (2)

옛날	듣는	늦나요	못 놀다	끝나요
	좋네	있는	쫓느라고	

꽃무늬	존댓말	뒷문	솥만	
	몇 명	맏며느리	거짓말	

   (3)

십년	감사합니다	덥네요	없는	높네요
	소꿉놀이	겁나요	이팝나무	

앞문	십만	옆모습	일곱 마리	값만
	아홉 명	앞머리	업무	

2. Listen to the following sentences carefully and repeat them.

(1)　10년 동안 한국말을 공부했어요.
　　　[심년]　　　[한궁말]

(2)　국물이 끝내줘요.
　　　[궁물]　[끈내줘요]

(3)　이건 90년대에 유행하던 바지랍니다.
　　　　　[구심년대]　　　　　[바지람니다]

(4)　윷놀이를 처음 해 봤는데 재미있네요.
　　　[윤노리]　　　　[봔는데][재미인네요]

(5)　십만 원을 봉투에 넣는다.
　　　[심만]　　　　　[넌는다]

(6)　옛날에는 꽃 냄새를 싫어했습니다.
　　　[옌날]　　[꼰냄새]　[시러핻씀니다]

(7)　그 사람이 저한테 입맛 없네요.
　　　　　　　　　　　　[임맏][엄내요]

(8)　앞문으로 아홉 명이 나갔어요.
　　　[암문]　　[아홈명이]

(9)　참치 김밥만 못 먹어요.
　　　　　[김빰만][몬머거요]

(10)　중국말을 공부하는 2학년 학생입니다.
　　　[중궁말]　　　　　[이항년]　　[임니다]

96　Korean Pronunciation Guide

Exercise

Track 069

1. Listen carefully. Mark O if it is correct and X if it is incorrect.

(1) 악마 (   )   (2) 국내 (   )

(3) 콧물 (   )   (4) 묻는 (   )

(5) 앞머리 (   )   (6) 없네요 (   )

(7) 섞는다 (   )   (8) 식물원 (   )

(9) 읊니 (   )   (10) 쫓나요 (   )

Track 070

2. Listen carefully and choose the correct pronunciation.

(1) 십만 원   ⓐ   ⓑ

(2) 맞나요?   ⓐ   ⓑ

(3) 취합니다   ⓐ   ⓑ

(4) 존댓말   ⓐ   ⓑ

(5) 국물   ⓐ   ⓑ

(6) 적는다   ⓐ   ⓑ

(7) 웃네   ⓐ   ⓑ

(8) 몇 마리   ⓐ   ⓑ

(9) 수입 내역   ⓐ   ⓑ

(10) 부엌문   ⓐ   ⓑ

3. Listen carefully and choose the word that is being pronounced.

> **e.g.** 🎧 ✓ⓐ 잊는   ⓑ 입는   ⓒ 익는

(1) ⓐ 낫니 ⓑ 낚니 ⓒ 낳니
(2) ⓐ 숲만 ⓑ 숟만 ⓒ 숙만
(3) ⓐ 덮나요? ⓑ 덧나요? ⓒ 덕나요?
(4) ⓐ 낱말 ⓑ 낙말 ⓒ 납말
(5) ⓐ 밝는다 ⓑ 밟는다 ⓒ 받는다
(6) ⓐ 꺾네 ⓑ 껍네 ⓒ 껐네
(7) ⓐ 걷난다 ⓑ 걱난다 ⓒ 겁난다
(8) ⓐ 전면 ⓑ 적면 ⓒ 접면
(9) ⓐ 없노 ⓑ 엮노 ⓒ 얻노
(10) ⓐ 옻만 ⓑ 옥만 ⓒ 옵만

4. Pick the sentence that makes the most sense to fill in each blank. Write down the letter of that sentence.

> ⓐ 서울에서 관광객들이 즐겨 **찾는** 곳이 어디예요?
> ⓑ 네, **옛날**에는 잘 **몰랐는데** 친구가 많이 가르쳐 줬어요.
> ⓒ 착하고 **재미있는** 사람이 좋아요.
> ⓓ 한국 음식 중에서 **못 먹는** 음식이 있어요?

(1) 가: 어떤 사람을 좋아해요?
    나: _____

(2) 가: _____
    나: 남산타워나 인사동에 많이 가요.

(3) 가: _____
    나: 너무 매운 **음식만** 아니면. 괜찮아요

(4) 가: **한국 노래**를 많이 알아요?
    나: _____

5. Use the suggested expressions in the box to create a story as shown in the example below.

e.g.

주말 이야기 Weekend Episode

작년	옛날
박물관	재미있다
-습니다/ㅂ니다	

저는 미국에서 온 저스틴이라고 **합니다**. **작년**에 한국에 **왔는데** 지금 **한국말**을 공부하고 있**습니다**. 저는 시간이 날 때 **박물관**에서 **옛날** 물건들을 구경하는 것을 좋아**합니다**. 미술관에 가는 것도 좋아**합니다**. 지난주 토요일에 아르바이트가 **끝나고** 친구 **다섯 명**과 **시립 미술관**에 갔습니다. **재미있는** 하루였습니다.

주말 이야기 Weekend Episode

| 가다 | 먹다 | 사다 | 구경하다 |
| 재미있다 | 맛있다 | -습니다/ㅂ니다 | |

비음화 ② Nasalization ②

6 정류장 [정뉴장]

Conversation

Track 072

저스틴   우리 내일 어디에서 만날까?

지원   학교 앞 버스 정류장에서 만나자.

저스틴   좋아. 내가 샌드위치 준비해 갈게.

지원   그럼 음료수는 내가 살게.

정류장[정뉴장]   음료수[음뇨수]

Pronunciation Rule: Nasalization ② (비음화 ②)

When the nasal sound ㅇ, which is the final consonant in 정, combines with ㄹ in 류, the ㄹ is pronounced the nasal sound [ㄴ], whose sound is produced in the same location as ㄹ.

In the following cases, ㄹ is pronounced [ㄴ].

1 When ㄹ comes after the final consonant ㅁ, it is pronounced [ㄴ].

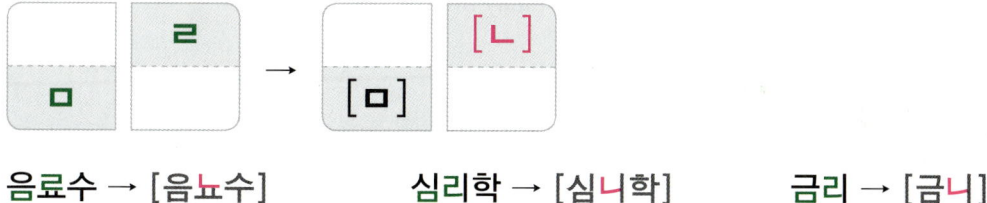

음료수 → [음뇨수]   심리학 → [심니학]   금리 → [금니]

2 When ㄹ comes after the final consonant ㅇ, it is pronounced [ㄴ].

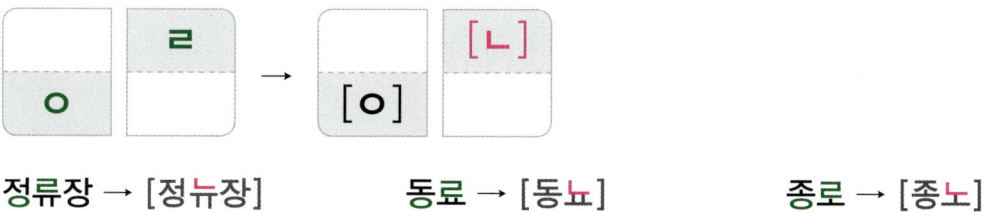

정류장 → [정뉴장]   동료 → [동뇨]   종로 → [종노]

Read Along

1. Listen carefully and repeat.

   (1)
음력	보험료	염려	고진감래
	침략	감량	

   (2)
종류	정리	등록	양로원
	입장료	강릉	

2. Listen to the following sentences carefully and repeat them.

   (1) 심리학을 전공하고 싶어요.
   [심니학]

   (2) 은행 금리가 올랐어요.
   [금니]

   (3) 김치는 여러 가지 종류가 있어요.
   [종뉴]

   (4) 외국인 등록증을 보여 주세요.
   [등녹쯩]

   (5) 설명은 생략하겠습니다.
   [생냑]

   (6) 성적 때문에 심란해요.
   [심난]

   (7) 한국 대통령의 이름이 뭐예요?
   [대통녕]

(8) 종로에서 만날까요?
[종노]

(9) 추석은 음력 8월 15일입니다.
[음녁]

(10) 대부분의 나라가 양력을 사용합니다.
[양녁]

Exercise

Track 075

1. Listen carefully. Mark O if it is correct and X if it is incorrect.

   (1) 행렬 (　　)

   (2) 종로 (　　)

   (3) 장례식 (　　)

   (4) 심려 (　　)

   (5) 풍랑 (　　)

   (6) 점령 (　　)

   (7) 파충류 (　　)

   (8) 침례교 (　　)

   (9) 생략 (　　)

   (10) 삼림 (　　)

2. Listen carefully and choose the correct pronunciation.

(1) 경락 　　ⓐ 　　ⓑ

(2) 심란 　　ⓐ 　　ⓑ

(3) 세종로 　　ⓐ 　　ⓑ

(4) 감량 　　ⓐ 　　ⓑ

(5) 시청률 　　ⓐ 　　ⓑ

(6) 공룡 　　ⓐ 　　ⓑ

(7) 중랑구 　　ⓐ 　　ⓑ

(8) 심리 　　ⓐ 　　ⓑ

(9) 충정로 　　ⓐ 　　ⓑ

(10) 음량 　　ⓐ 　　ⓑ

3. Pick the sentence that makes the most sense to fill in each blank. Write down the letter of that sentence.

> ⓐ 네, 외국인 **등록증** 좀 보여 주세요.
> ⓑ **동료**들이 잘 도와줘서 이제 익숙해졌어요.
> ⓒ **음력** 8월 15일이라서 매년 바뀌는 거예요.
> ⓓ **심리학**을 전공하세요?

(1) 가: 현금 카드를 만들려고 하는데요.
　　나: _____

(2) 가: 추석이 언제예요? 왜 매년 달라요?
　　나: _____

(3) 가: _____
　　나: 아니요, 교육학을 전공하고 있어요.

(4) 가: 회사 생활은 어때요?
　　나: _____

4. Take notes as shown in the example below. Then introduce a major holiday or festival in your country.

e.g.

- **날짜**: 음력 8월 15일
- **풍습**: 귀성 행렬 차례 지내기, 성묘
- **음식·음료 종류**: 송편, 식혜, 수정과

　　한국의 제일 큰 명절 중 하나인 추석은 음력 8월 15일인데 가족들이 모여서 풍요로운 한 해를 감사하며 차례를 지내는 날입니다. 추석에는 고향에 가거나 성묘를 하러 가는 사람들이 많고 이 때 귀성 행렬 때문에 고속도로는 주차장처럼 변하기도 합니다. 추석에 먹는 음식은 종류가 다양한데 그 중에서 꼭 먹는 음식은 송편입니다. 식혜와 수정과 같은 전통 음료도 마십니다.

우리 나라의 명절/축제
A Major Holiday or Festival in My Country

- **날짜**: 양력/음력　　　월　　　일
- **풍습**:
- **음식·음료 종류**:

비음화 ③ Nasalization ③

⑦ 대학로 [대항노]

Conversation

저스틴   지원아, 너 어디 살아?

지원   우리 집은 **국립** 현대 미술관 근처야. 저스틴 너는?

저스틴   **왕십리**에 살다가 얼마 전에 **대학로**로 이사 했어.

지원   그럼 낙산 공원이랑 벽화 마을에 가 봤어?

저스틴   응, 가 봤는데 예쁘더라.

국립[궁닙]   왕십리[왕심니]   대학로[대항노]

Pronunciation Rule: Nasalization ③ (비음화 ③)

ㄹ combines with the final consonant ㄱ in 학 to be pronounced [ㄴ]. Turning into a nasal sound, [ㄴ] influences the final consonant ㄱ that comes before it, changing the pronunciation of ㄱ into [ㅇ].

In the following cases, ㄹ is pronounced [ㄴ], and the final consonants ㄱ and ㅂ are pronounced [ㅇ] and [ㅁ], respectively.

1 When ㄹ comes after the final consonant ㄱ, ㄹ is pronounced as [ㄴ], and ㄱ, influenced by [ㄴ], is pronounced [ㅇ].

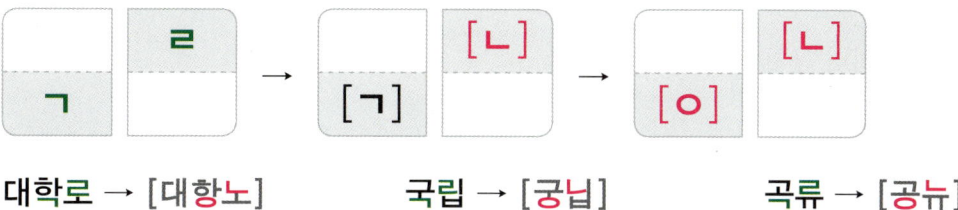

대학로 → [대항노]   국립 → [궁닙]   곡류 → [공뉴]

2 When ㄹ comes after the final consonant ㅂ, ㄹ is pronounced [ㄴ], and ㅂ, influenced by [ㄴ], is pronounced [ㅁ].

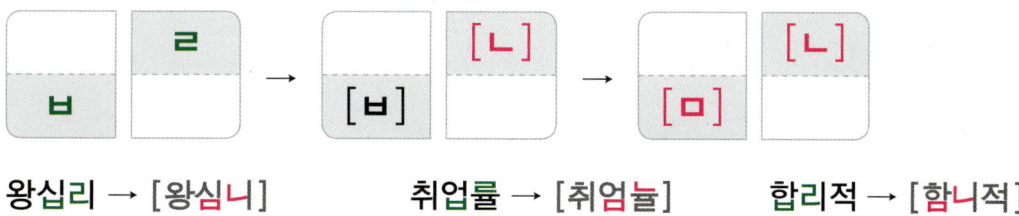

왕십리 → [왕심니]   취업률 → [취엄뉼]   합리적 → [함니적]

Read Along

1. Listen carefully and repeat.

   (1)
육류	식료품	목록	학력
	착륙	독립	

   (2)
입력	답십리	실업률	합류
	컵라면	답례품	

2. Listen to the following sentences carefully and repeat them.

   (1) 독립문은 어디에 있어요?
       [동님문]

   (2) 답십리 근처에 살아요.
       [답씸니]

   (3) 비밀번호를 입력하십시오.
                [임녁]

   (4) 국립극장에서 사물놀이를 구경했어요.
       [궁닙]

   (5) 석류 주스를 좋아하세요?
       [성뉴]

   (6) 여기에 최종 학력을 써 주십시오.
                   [항녁]

   (7) 곧 착륙하겠습니다.
          [창뉴]

108   Korean Pronunciation Guide

(8) 법률 상담을 받으려고 해요.
[범뉼]

(9) 도서 목록을 확인하십시오.
[몽녹]

(10) 합리적인 방법을 찾아봅시다.
[함니적]

Exercise

1. Listen carefully. Mark O if it is correct and X if it is incorrect.

Track 080

(1) 격려 (   )

(2) 박력 (   )

(3) 막론하다 (   )

(4) 합류 (   )

(5) 학력 (   )

(6) 급료 (   )

(7) 국립 (   )

(8) 답례 (   )

(9) 죽림 (   )

(10) 속력 (   )

2. Listen carefully and choose the correct pronunciation.

(1) 수업료 ⓐ ⓑ   (2) 속리산 ⓐ ⓑ

(3) 박람회 ⓐ ⓑ   (4) 실업률 ⓐ ⓑ

(5) 떡라면 ⓐ ⓑ   (6) 적령기 ⓐ ⓑ

(7) 급류 ⓐ ⓑ   (8) 곡류 ⓐ ⓑ

(9) 협력 ⓐ ⓑ   (10) 식료품 ⓐ ⓑ

3. Pick the sentence that makes the most sense to fill in each blank. Write down the letter of that sentence.

> ⓐ **식료품** 코너는 어디에 있나요?
> ⓑ 유기농 **곡류**와 신선한 **육류**를 추천해요.
> ⓒ 네, **격려**해 주셔서 감사합니다.
> ⓓ 결혼 **적령기**가 언제라고 생각해요?

(1) 가: 어떤 게 건강에 좋을까요?
    나: _____

(2) 가: _____
    나: 오른쪽으로 가시면 됩니다.

(3) 가: _____
    나: 사람마다 다른 것 같아요. 자기가 결혼하고 싶을 때 아닐까요?

(4) 가: 힘내세요. 누구나 실수할 수 있어요.
    나: _____

4. Use the suggested expressions in the box to create a story as shown in the example below.

저는 요리하는 걸 좋아해서 일주일에 한 번 장을 보러 마트에 갑니다. 마트에서 필요한 **식료품**을 살 때 기분이 좋습니다. 어제는 **육류** 코너에 할인 행사가 있어서 고기도 사고 **곡류** 코너에 가서 현미를 샀습니다. **목록**을 만들어 가지고 가서 시간과 돈을 절약할 수 있었습니다.

취업 사이트 가입 방법 How to Join a Recruiting Website

취업 사이트에 가입하다
이력서를 쓰다　　학력
경력　　　　　　입력하다

유음화 Liquidization

⑧ 설날 [설랄]

Conversation

Track 082

민호 다음 주가 **설날**인데 뭐 할 거예요?

저스틴 글쎄요, 아직 잘 모르겠어요. 민호 씨는요?

민호 저는 친구들하고 전주에 갈 거예요.

저스틴 전주요? 거긴 어디예요?

민호 **전라도**에 있는 도시인데 비빔밥이 유명하고 한옥마을도 있어요. 같이 갈래요?

저스틴 좋아요. 저도 가 보고 싶네요.

설날[설랄]   전라도[절라도]

Pronunciation Rule: Liquidization (유음화)

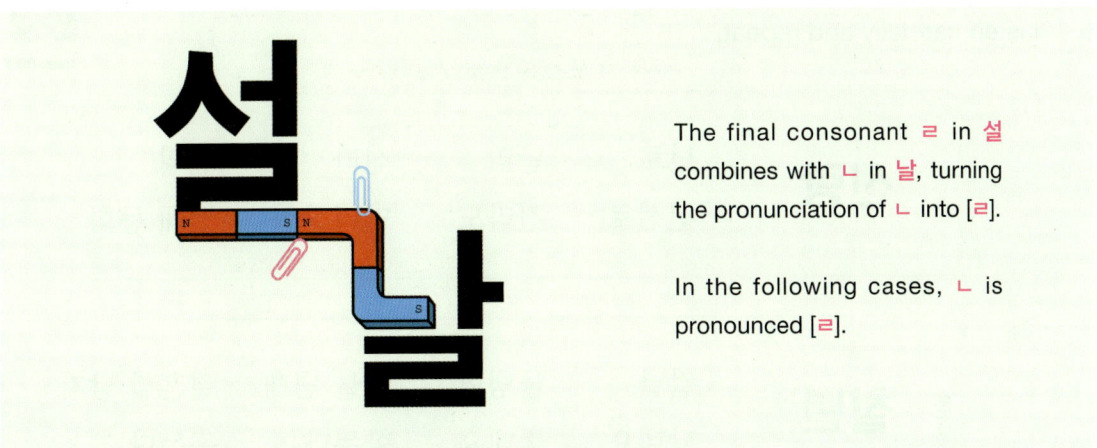

The final consonant ㄹ in 설 combines with ㄴ in 날, turning the pronunciation of ㄴ into [ㄹ].

In the following cases, ㄴ is pronounced [ㄹ].

1 When the final consonant ㄴ is followed by ㄹ, ㄴ is pronounced [ㄹ].

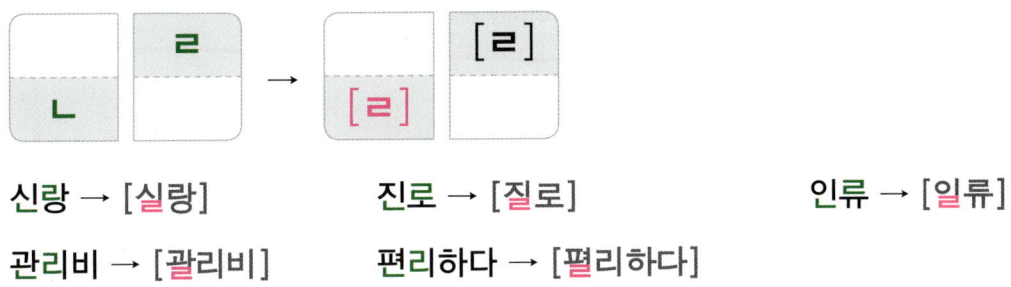

신랑 → [실랑]　　　　진로 → [질로]　　　　인류 → [일류]

관리비 → [괄리비]　　편리하다 → [펼리하다]

2 When the final consonants ㄹ, ㅀ, and ㄾ are followed by ㄴ, ㄴ is pronounced [ㄹ].

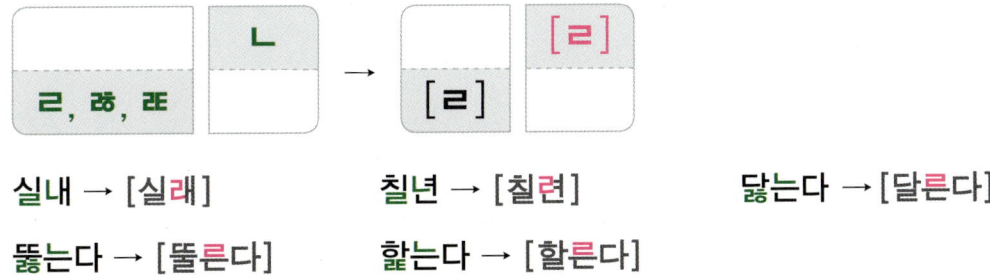

실내 → [실래]　　　　칠년 → [칠련]　　　　닳는다 → [달른다]

뚫는다 → [뚤른다]　　핥는다 → [할른다]

Read Along

Track 083

1. Listen carefully and repeat.

(1)

신랑	난로	난리	신라	진리
	신선로	전라도	만리장성	전래 동화

(2)

칠년	칼날	물냉면	마늘 냄새	결혼할 남자
	닳네요	뚫네요	핥는다	훑는다

Track 084

2. Listen to the following sentences carefully and repeat them.

(1) 저는 <u>신림동</u>에 살아요.
        [실림동]

(2) 한국에 오면 저에게 <u>연락</u>하세요.
        [열락]

(3) 우리 아파트는 <u>관리비</u>가 비싸요.
        [괄리비]

(4) 요즘 <u>진로</u> 때문에 고민하고 있어요.
        [질로]

(5) 경주는 <u>신라</u>의 수도였습니다.
        [실라]

(6) <u>천 리</u> 길도 한 걸음부터라는 속담이 있다.
    [철리]

(7) 손에서 <u>마늘 냄새</u>가 나요.
        [마늘램새]

114   Korean Pronunciation Guide

(8)　실내에서 담배를 피우지 마세요.
　　　　[실래]

(9)　이 기계는 벽에 구멍을 뚫는 데에 쓰입니다.
　　　　　　　　　[뚤른]

(10)　강아지가 아이 손을 핥네요.
　　　　　　　[할레요]

Exercise

Track 085

1. Listen carefully. Mark O if it is correct and X if it is incorrect.

(1)　권력　　　(　　)

(2)　달님　　　(　　)

(3)　진리　　　(　　)

(4)　줄넘기　　(　　)

(5)　난로　　　(　　)

(6)　닳네요　　(　　)

(7)　천리마　　(　　)

(8)　훑는다　　(　　)

(9)　끓네요　　(　　)

(10)　가을 날씨　(　　)

8 Liquidization

2. Listen carefully and choose the correct pronunciation.

(1) 편리해요 ⓐ ⓑ

(2) 만날 날 ⓐ ⓑ

(3) 한라산 ⓐ ⓑ

(4) 칠년 ⓐ ⓑ

(5) 물놀이 ⓐ ⓑ

(6) 근로자 ⓐ ⓑ

(7) 완료 ⓐ ⓑ

(8) 뚫는 소리 ⓐ ⓑ

(9) 유별난 사람 ⓐ ⓑ

(10) 겨울 노래 ⓐ ⓑ

3. Mark all the underlined words that fit the liquidization rule as shown in the example below.

(1) 인류 역사상 큰 재난이 다가올 거래요.
　　ⓐ　　　　　　　　　　　ⓑ

(2) 북한산 산책로를 따라 가면 길을 잃는 일은 없을 거예요.
　　　　　ⓐ　　　　　　　　ⓑ

(3) 겨울에는 난방 때문에 관리비가 많이 나와요.
　　　　　ⓐ　　　　ⓑ

(4) 박물관 관람 시간은 계절에 따라 다릅니다.
　　　ⓐ　ⓑ

(5) 결혼식에서 신랑 신부가 행복하게 웃는 모습을 봤어요.
　　　ⓐ　　ⓑ

4. Pick the sentence that makes the most sense to fill in each blank. Write down the letter of that sentence.

> ⓐ 심한 충격을 받으면 기억을 잃는 사람도 있대요.
> ⓑ 네. 한류 스타들을 많이 보고 왔어요.
> ⓒ 지난 설날에 찍은 사진이에요.
> ⓓ 지난번 물난리로 집을 잃은 사람들이 많대요.

(1) 가: _____

　　나: 네. 그래서 요즘 여기저기에서 모금 운동을 하고 있어요.

(2) 가: 언제 찍은 사진이에요?

　　나: _____

(3) 가: _____

　　나: 얼마나 충격이 크면 기억을 잃을까요?

(4) 가: 주말에 음악 방송 구경하러 갔어요?

　　나: _____

5. Use the suggested expressions in the box to create a story as shown in the example below.

e.g.

쓰레기 분리수거 Seperate Garbage collection

쓰레기를 분리수거하다
분류하다   관리실
골치를 앓다   분류표
편리하다

우리 아파트는 쓰레기를 **분리**수거해서 버려야 합니다. 그런데 가끔은 **분류**하기 어려울 때가 있습니다. 무엇으로 만든 건지 모를 때에는 정말 **곤란**합니다. 최근에는 **분리**수거하기 귀찮다고 그냥 버리는 사람들이 많아서 **관리**실에서 골치를 **앓는다**고 합니다. 그때마다 "쓰레기통 근처에 **분리수거 분류표**가 있으면 참 **편리**할 텐데."라는 생각을 하곤 했습니다. 그런데 어제 누군가가 **분류표**를 붙여 놓은 것을 보고 고마음을 느꼈습니다.

설날 New Year's Day

설날 놀이   실내
윷놀이   설날 음식
세배하다   한복을 입다

Reference: Liquidization in Chinese-based Words

In the case of Chinese-based words, the pronunciation may change even in the same circumstance depending on the number of syllables. For example, in the case of 권력 and 생산력, ㄴ and ㄹ combine in both words, but they are pronounced differently. 권력 is liquidized and is pronounced [궐력] while nasalization occurs in 생산력, making the pronunciation [생산녁]. Usually, if it is a one-syllable word that ends with ㄴ and is followed by ㄹ, ㄴ is pronounced [ㄹ]. If it is a two-syllable word or more that ends with ㄴ, the ㄹ that comes after it is pronounced [ㄴ].

권력 [궐력]   생산력 [생산녁]

분란 [불란]   의견란 [의견난]

분량 [불량]   생산량 [생산냥]

연료 [열료]   보관료 [보관뇨]

인류 [일류]   라면류 [라면뉴]

Wait!

In the case of loanwords like 온라인(online) and 원룸(one-room), they may be pronounced either [온나인] or [올라인] and [원눔] or [월룸], respectively.

ㄴ첨가 Addition of ㄴ

⑨ 시청역 [시청녁]

Conversation

Track 087

저스틴   16일에 시청역 앞에서 K-Pop 공연이 있다던데 같이 갈래?

페이   그날이 무슨 요일이지?

저스틴   토요일이야. 시간 있어?

페이   음, 일요일에 태국 여행을 가서 그날은 할 일이 좀 많을 것 같은데.

저스틴   그렇구나. 여행 잘 다녀와.

십육[심뉵]   시청역[시청녁]   무슨 요일[무슨뇨일]
태국 여행[태궁녀행]   할 일[할릴]

Pronunciation Rule: Addition of ㄴ (ㄴ첨가)

The final consonant ㅇ in 청 is followed by 여, which adds ㄴ to the pronunciation, making it [녀].

In the following cases, ㄴ is added to the pronunciation.

1 When the final consonants ㄴ, ㅁ, and ㅇ in the former word combine with 이, 야, 여, 요, and 유, ㄴ is added, turning the pronunciation into [니], [냐], [녀], [뇨], and [뉴].

ㄴ	이, 야, 여, 요, 유	→	ㄴ	[니], [냐], [녀], [뇨], [뉴]
ㅁ	이, 야, 여, 요, 유	→	ㅁ	[니], [냐], [녀], [뇨], [뉴]
ㅇ	이, 야, 여, 요, 유	→	ㅇ	[니], [냐], [녀], [뇨], [뉴]

무슨 요일 → [무슨뇨일]　　강남역 → [강남녁]

두통약 → [두통냑]

2 When the final consonants ㄱ, ㄷ, and ㅂ in the former word combine with 이, 야, 여, 요, and 유, ㄴ is added, turning the pronunciation into [니], [냐], [녀], [뇨], and [뉴]. At the same time, the final consonant in the former word is influenced by ㄴ, resulting in nasalization and turning [ㄱ] into [ㅇ], [ㄷ] into [ㄴ], and [ㅂ] into [ㅁ].

Refer to Nasazliation ① p.92

안국역 → [안국녁] → [안궁녁]
연습용 → [연습뇽] → [연슴뇽]

깻잎 → [깬닙] → [깬닙]

3 When the final consonant ㄹ in the former word combines with 이, 야, 여, 요, and 유, ㄴ is added, turning the pronunciation into [니], [냐], [녀], [뇨], and [뉴]. Then, the final consonant ㄹ in the former word is combined again with ㄴ, resulting in liquidization. The final sounds produced are [리], [랴], [려], [료], and [류].

Refer to Liquidization p.112

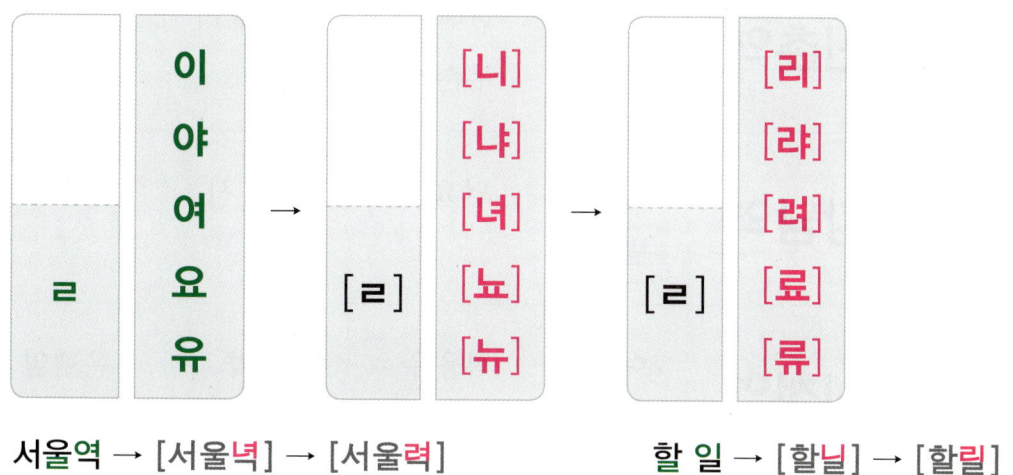

서울역 → [서울녁] → [서울력]   할 일 → [할닐] → [할릴]

Wait!

Within a word which is not a compound or a derivative, a liaison occurs instead of the addition of ㄴ.

e.g. 만일 [마닐]   흡연 [흐변]
　　 월요일 [워료일]   금요일 [그묘일]

9 Addition of ㄴ

Read Along

Track 088

1. Listen carefully and repeat.

(1)

신촌역	웬일 한여름 일본 요리 신혼 여행 맨입 무슨 일
강남역	솜이불 담요 밤 열 시 청담역 밤윷
시청역	여행용 식용유 비상약 은행잎 부산행 열차 배낭여행

(2)

종각역	염색약 색연필 한국 여자 어학연수 막일 대학 역사
깻잎	낯익다 꽃잎 바깥일 못 입어요 못 열다 나뭇잎
십육	앞일 졸업 여행 면접 연습 구급약 수업용 숲 옆

(3)

서울역	물약 볼 일 설 연휴 발 야구 말할 용기

2. Listen to the following sentences carefully and repeat them.

(1) 어떤 일 하세요?
[어떤닐]

(2) 벌써 한여름 날씨네요.
[한녀름]

(3) 점심 약속이 있어요.
[점심냑쏙]

(4) 식용유가 다 떨어졌어요.
[시굥뉴]

(5) 두통약을 사러 갔어요.
[두통냑]

(6) 우리 회사는 안국역 근처에 있어요.
[안궁녁]

(7) 나뭇잎이 다 떨어졌어요.
[나문닙]

(8) 뒷일은 나에게 맡겨.
[뒨닐]

(9) 졸업 여행을 갈 거예요.
[조럼녀행]

(10) 26층에 살아요.
[이심뉵층]

Exercise

1. Listen carefully. Mark O if it is correct and X if it is incorrect.

   (1) 소독약   (   )   (2) 옛일   (   )

   (3) 수학 여행   (   )   (4) 했던 일   (   )

   (5) 서울 여자   (   )   (6) 이혼율   (   )

   (7) 쉬운 요구   (   )   (8) 길음역   (   )

   (9) 숲 옆   (   )   (10) 한강 유람   (   )

2. Listen carefully and choose the correct pronunciation.

   (1) 부산역   ⓐ   ⓑ

   (2) 그림엽서   ⓐ   ⓑ

   (3) 전쟁 영화   ⓐ   ⓑ

   (4) 백육(106)   ⓐ   ⓑ

   (5) 헛일   ⓐ   ⓑ

   (6) 꽃잎   ⓐ   ⓑ

   (7) 바깥일   ⓐ   ⓑ

   (8) 연습용   ⓐ   ⓑ

   (9) 앞 일   ⓐ   ⓑ

   (10) 휘발유   ⓐ   ⓑ

3. Circle all of the words that fit the ㄴ addition rule as shown in the example below.

옆에	(깻잎)	솥이	(십육)	십이
식용유	지하철이	소독약	꽃잎	옷에
안국역	색연필	꽃밭이	일본 요리	숲 옆
맏이	앞에	바깥일	노는 애	붙여

4. Pick the sentence that makes the most sense to fill in each blank. Write down the letter of that sentence.

ⓐ **깻잎**에 싸서 먹으면 맛있어요.
ⓑ **한국 요리**나 **한국 역사**에 대해 많이 아세요?
ⓒ **무슨 일**을 하세요?
ⓓ **26**만 원(이십육만 원)입니다.

(1) 가: 모두 얼마예요?
    나: _____

(2) 가: _____
    나: 아니요, 잘 몰라요.

(3) 가: _____
    나: **식용유** 만드는 회사에 다니고 있어요.

(4) 가: 삼겹살은 어떻게 먹는 거예요?
    나: _____

5. Among the suggested stations, choose the stations you have been to and create a story as shown in the example below.

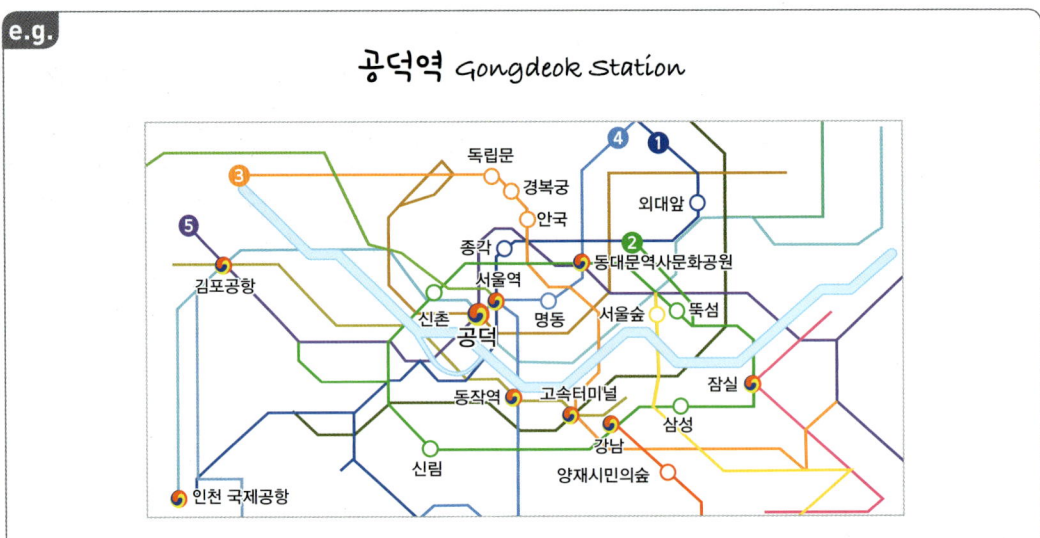

e.g.

공덕역 Gongdeok Station

저는 마포에 사는데 5호선과 6호선 **환승역**인 **공덕역**을 자주 이용합니다. **공덕역**에서는 김포**공항역**이나 인천국제**공항역**, **서울역**도 한 번에 갈 수 있어서 편합니다. **공덕역** 4번 출구로 나가면 시장이 있는데 맛집이 많이 있습니다. **깻잎**전, **꽃잎**차 등 제가 좋아하는 잎으로 만든 음식이나 차를 맛볼 수 있습니다.

내가 가 본 역 The Stations I have been to

| 안국역 | 신촌역 | 잠실역 | 강남역 | 서울숲역 | 명동역 | 서울역 |

Part III

KOREAN READING PRACTICE

Preparations for Reading

Colloquial Speech

Written Korean

Preparations for Reading

Pausing within Sentences and Reading Speed

Pausing within Sentences

아버지가 / 방에 / 들어가신다.

아버지 / 가방에 / 들어가신다.

The above two sentences have completely different meanings when pauses are made after the mark / . When reading a sentence out loud, correct pronunciation is important, but making pauses appropriately is equally important. When the speaker thinks about the meaning and makes the distinction between where to read with a pause and where to read without one, the meaning is conveyed well to the listener.

When reading out loud, pauses are made differently compared to the written sentence because the meaning serves as the criterion that determines where pauses are made. In some cases, written words with spacing may be awkward when read as is; rather, reading without a pause may sound more natural and convey the meaning well. In addition, when written words with spacing are read as is, pronunciation differences occur. Pronunciation changes occur when read without a pause, so if the speaker makes incorrect distinctions between where to read with a pause and where to read without one, the pronunciation becomes awkward.

The number of times a pause is made and the location to make a pause differ depending on the length of a sentence and reading speed. It also differs depending on the sentence structure and where the emphasis is made. As aforementioned, making pauses in a sentence is influenced by so many factors, so it is difficult to set strict rules. Commonly, however, you read with or without a pause in the following cases.

- **Make a pause at the end of a sentence or after a comma in the middle of a sentence.**

    e.g. 과일, 녹차, 커피, 초콜릿 등을 사용합니다.
    We use fruit, green tea, coffee, chocolate, and others.

- **Make a pause after the subject. When there are modifiers in front of the subject, the modifiers and the subject are read without a pause.**

    e.g. 팥빙수는 / 여름날 더위를 잊게 하는 음식입니다.
    Patbingsu is a food that helps you starve off the summer heat.

    한국을 방문한 외국인들이 / 빙수 전문점을 즐겨 찾고 있습니다.
    Foreigners visiting Korea like to stop by *bingsu* shops.

- **Read without a pause if there is spacing between words but the meaning is conveyed well when read without a pause.**

    e.g. 추운 겨울에도 먹을 수 있습니다.　　　인기가 많아서 그런가 봐요.
    It can now be enjoyed in cold weather.　　The reason may be that it's highly popular.

    일이 많아서 힘들었을 것 같다.
    It must have been hard because there was so much work to do.

- **It sounds more natural to read without a pause when a postpositional particle is omitted.**

  e.g. 한복 파는 가게가 많아요.
  There are many stores that sell *hanbok*.

  버스 타고 30분 정도 가야 해요.
  It will take around 30 minutes by bus.

- **When a sentence is long, make a pause after the connective suffix with semantics in mind.**

  e.g. 과거에는 얼음과 팥이 주재료였지만 / 시대의 흐름에 발맞추어 / 다양한 재료를 사용한 빙수가 등장해서 / 사람들의 입맛을 사로잡고 있습니다.
  The main ingredients used to be ice and red beans, but now, to keep up with the times, *bingsu* made with various ingredients has emerged to whet people's appetites.

- **To prevent confusion in the meaning, make a pause or read without a pause to make a distinction between the modifier and the word being modified.**

  e.g.

  키가 큰 선배의 / 친구가 나에게 인사 했다.
  The friend of an older alumnus of my alma mater that happens to be tall greeted me.

  키가 큰 / 선배의 친구가 나에게 인사 했다.
  The tall friend of an older alumnus of my alma mater greeted me.

Reading Speed

The speed at which you read or speak is very important in making the listener focus or in conveying information effectively. In the case of reading written words, the speed may vary depending on the length, type, and level of difficulty of the piece of writing. The speed may also vary depending on whether the speaker is aware of the content of the writing and he or she has practiced before reading it out loud. In the following chapter Reading Practice, text recordings at a speed that most effectively conveys the information are provided with the reading time indicated as well. Refer to the reading time, and practice reading it out loud at an appropriate speed.

Characteristics of Colloquial Speech and Realistic Pronunciation

To practice speaking naturally, the following, chapter Reading Practice, provides not only a text but also a monologue or a conversation held by two people. The characteristics of colloquial speech are different from those of written Korean. In many cases, sentences are contracted, and postpositional articles are omitted. The sentences are shorter and simpler compared to written Korean. There are run-on sentences ending in a phrase or a clause. Many times, there are additional descriptions that follow or corrections of what was said before.

In colloquial speech, realistic pronunciations actually used by people occur; these are not standard pronunciations. If, however, the learner of the Korean language is aware of such pronunciations, he or she can easily understand the speech of a Korean and achieve better communication. The following are examples of realistic pronunciations observed in the speech of a Korean.

- **The ㅗ in a postpositional particle or ending of a word is pronounced ㅜ.**

    e.g. 친구하고 영화 봤어. → 친구하구 영화 봤어.
    I watched a movie with a friend.

    사람이 너무 많더라고요. → 사람이 너무 많더라구요.
    There were too many people.

- **The ending 아 is pronounced 애.**

  e.g. 많이 아픈 거 같아. 빨리 낫기 바라. → 많이 아픈 거 같애. 빨리 낫기 바래.
  You seem very sick. I hope you get better soon.

- **When the same vowel is repeated, the sound is contracted in the process of pronunciation.**

  e.g. 감기 거의 다 나았어. → 감기 거의 다 났어.
  My cold is almost gone.

  그 영화 진짜 재미있어. → 그 영화 진짜 재밌어.
  That movie is really good.

- **ㄹ is added in front of the 려 in -(으)려고 in the process of pronunciation.**

  e.g. 친구 만나려고 기다리고 있어. → 친구 만날려고 기다리고 있어.
  I am waiting for my friend.

- **The final consonant is linked, turning into a different sound.**

  (1) The final consonant ㅋ is linked, turning into the sound [ㄱ].

  e.g. 부엌에서 사과 좀 가져와. Bring some apples from the kitchen.
  [부어케서] → [부어게서]

  (2) The final consonant ㅍ is linked, turning into the sound [ㅂ].

  e.g. 무릎이 좀 아파요. My knee hurts a bit.
  [무르피] → [무르비]

  (3) The final consonants ㅈ, ㅊ, and ㅌ are linked, turning into the sound [ㅅ].

  e.g. 여기는 꽃이 많네. There are many flowers here.
  [꼬치] → [꼬시]

Phonetic Transcription

To facilitate a natural and fluent pronunciation, the following chapter, Reading Practice, offers phonetic transcriptions like below.

- When the final consonants ㄴ, ㄹ, ㅁ, and ㅇ are followed by ㅎ, there is no elimination of the ㅎ pronunciation. In reality, however, ㅎ is pronounced weakly or not pronounced at all. In such a case, two phonetic transcriptions are provided, like 결혼[결혼/겨론].

- When a final consonant ㄷ(ㅅ, ㅆ, ㅈ, ㅊ, ㅌ) that is pronounced like the final consonant sound [ㄷ] is followed by ㅅ, ㅅ is pronounced [ㅆ]. In reality, however, the [ㄷ] in front of [ㅆ] is not pronounced. In such a case, two phonetic transcriptions are provided, like 있습니다[읻씀니다/이씀니다].

- In the cases of –거든요 and –(으)ㄹ걸요, it is more common to add ㄴ in front of 요 instead of pronouncing it [–거드뇨] and [–(으)ㄹ꺼료]. Therefore, the phonetic transcription of these words were provided as 가거든요[가거든뇨] and 갈걸요[갈껄료]. The reason 요 in –(으)ㄹ걸요 is pronounced [료] is that ㄴ is added to 요, changing it to [뇨], which is then influenced by the final consonant ㄹ in 걸. The final result is [–(으)ㄹ걸료].

Intonation

Intonation plays an important role in not only grammar but also in communication. For example, the sentence "집에 가요" may be a declarative sentence indicating that the speaker is going home or an interrogative sentence asking the listener if he or she is going home based on intonation. In addition, the sentence "영화 볼걸" may indicate regret or frustration that the speaker did not watch the movie or speculation that another person is watching a movie based on intonation. As such, intonation is one of the important elements that convey the speaker's message and the intent behind it.

First, let's take a look at the intonations of various sentence types below.

A Declarative Sentence

Track 092

The intonation is lowered in a declarative sentence.

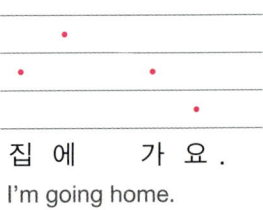

집 에   가 요 .
I'm going home.

Interrogative Sentences

The intonation of an interrogative sentence varies depending on its type. Interrogative sentences are largely divided into two types: interrogative sentences without an interrogative and interrogative sentences with an interrogative. Interrogative sentences with interrogative are, in turn, divided into wh-questions and yes-no questions depending on their meaning.

- **An interrogative sentence without an interrogative**

Track 093

The intonation is raised in an interrogative sentence without an interrogative.

집 에   가 요 ?
Are you going home?

136   Korean Pronunciation Guide

● **An interrogative sentence with an interrogative**

(1) **Wh-Questions**
Wh-questions make a request for information to the other party. The wh- word is raised more than the end of the sentence is.

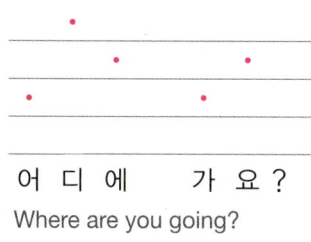

어 디 에　가 요 ?
Where are you going?

(2) **Yes-no Questions**
Yes-no questions ask the other party whether he or she is doing or not doing something. The expected answer is either "yes" or "no." The intonation is similar to that of an interrogative sentence without an interrogative.

어 디 에　가 요 ?
Are you going somewhere?

A Propositive Sentence

In an propositive sentence, the intonation is lowered like in a declarative sentence and then raised slightly at the end.

같 이　가 요 .
Let's go together.

Preparations for Reading　137

An Imperative Sentence

In an imperative sentence, the intonation is lowered like in a declarative sentence, and the last syllable is pronounced briefly.

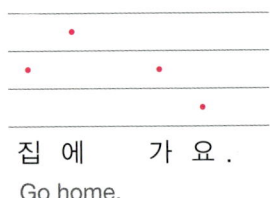

집에 가요.
Go home.

When the connective suffix is used as a final ending, the meaning may change depending on the intonation even if the sentence types are identical.

-거든

(1) Reason

가	오늘 모임에 못 갈 거 같아.	A	I don't think I can make it to the meeting today.
나	왜?	B	Why not?
가	일이 다 안 **끝났거든**.	A	I'm not done with work.

(2) Background – *When the story continues*

가	어제 오랜만에 친구 **만났거든**. 걔가 재미있는 말을 하더라.	A	I met an old friend yesterday. He or she said something funny.
나	그래? 무슨 얘기?	B	Really? What did he or she say?

(3) Conviction or Emphasis

가	너 또 숙제 안 했지?	A	You didn't do your homework again, did you?
나	**했거든**.	B	I did.

All three cases above are declarative sentences, but the meanings vary depending on the intonation. When indicating reason like in (1), the intonation is lowered. When setting the stage for the story to continue like in (2) or indicating conviction or emphasis like in (3), the intonation is raised. Therefore, you must take note of the intonation when you speak and take the circumstances into account.

-는데

Track 098

(1) Contrast

가	매운 음식 잘 먹어요?	A	Do you eat spicy food well?
나	아니요, 잘 못 먹어요. 가족들은 다 잘 **먹는데**.	B	No, I don't. The rest of my family eats it well.

(2) Unexpectedness or Surprise

가	이거 네가 그린 거야?	A	Did you draw this?
나	응. 왜?	B	Yes. Why?
가	오, 잘 **그리는데**.	A	Wow, you draw well.

(3) Background – *When the story continues*

가	어제 명동에 **갔는데요**. 거기서 드라마 촬영을 하더라고요.	A	I went to Myeong-dong yesterday. They were shooting a drama there.
나	그래요? 재미있었겠네요.	B	Really? That must have been fun.

Sentences (1), (2), and (3) are all declarative sentences, but the meanings vary depending on the intonation. When indicating contrast like in (1), the intonation is lowered. When indicating unexpectedness or surprise like in (2) or when setting the stage for the story to be continued like in (3), the intonation is raised.

-을 텐데

(1) Speculation

가	민수 집에 전화했는데 전화를 안 받아.	A	I called Min-su's home phone, but he is not picking up.
나	그래? 이 시간에 보통 집에 **있을 텐데**.	B	Really? He is usually home at this time.

(2) Regret or Frustration

가	이번 휴가 때 제주도 같이 갈래?	A	Do you want to go to Jeju Island again this upcoming vacation?
나	회사 일이 바빠서 휴가는 못 낼 거 같아.	B	I don't think I can take leave because I'm so busy at work.
가	그래? 같이 갈 수 있으면 **좋을 텐데**.	A	Really? It would be nice if we could go together.

Sentences (1) and (2) are both declarative sentences, but the meanings vary depending on the intonation. When indicating speculation like in (1), the intonation is raised. When indicating regret or frustration like in (2), the intonation is lowered.

 -을걸

Track 100

(1) Speculation

가	민수가 이거 좋아할까?	A	Will Minsu like this?
나	**좋아할걸**.	B	I think he will.

(2) Regret or Frustration

가	오늘 단어 시험을 본대.	A	I heard there's a vocabulary quiz today.
나	미리 공부 좀 **할걸**.	B	I should have studied earlier.

Sentences (1) and (2) are both declarative sentences, but the meanings vary depending on the intonation. When indicating speculation like in (1), the intonation is raised. When indicating regret or frustration like in (2), the intonation is lowered.

Colloquial Speech

① 봉사 활동 Volunteering

1. Listen to the following, paying attention to the underlined words.

회장 자, 여러분, 3일 동안 봉사 활동 하시느라 고생 많으셨습니다.
　　　　　　[사밀똥안]　　　　　　　　　　　　　[마느셤씀니다/마느셔씀니다]

여러분이 도와주신 덕분에 우리 어르신들이 이번 겨울도
　　　　　　　　　[덕뿌네]

따뜻하게 지낼 수 있을 거 같네요. 아, 저스틴 씨, 연탄 나
[따뜨타게] [지낼쑤이쓸꺼]　[간네요]

르는 일은 처음이라 힘들었을 거 같은데 어떠셨어요?

저스틴　　그전까지는 봉사 활동에 별로 관심이 없었는데요. 음, 이
　　　　　　　　　　　　　　　　　　　　　　　　　[업썬는데요]
번에 한국 친구가 같이 하자고 해서 하게 됐는데 와서 해
　　　　　　　[가치]　　　　　　　　　　　[댄는데]
보니까 힘은 들지만 재밌고 보람도 있었어요. 작은 힘이

지만 어르신들에게 도움이 된다고 생각하니 뿌듯해요.
　　　　　　　　　　　　　　　　　[생가카니] [뿌드태요]
첫날에는 익숙하지도 않고 좀 힘들었는데 마지막 날 되니
[천나레는]　[익쑤카지도] [안코]　　　　　　　[마지망날]
까 시간이 짧게 느껴지고 아쉬워요. 앞으로 또 기회가 되
　　　　　　[짤께]
면 다른 봉사 활동도 해 보고 싶어요.

2. Practice the following pronunciations. Listen carefully and repeat.

Aspirated Consonants p.62	따뜻하게 [따뜨타게] 생각하니 [생가카니] 뿌듯해요 [뿌드태요] 익숙하지도 [익쑤카지도] 않고 [안코]
Elimination of ㅎ Pronunciation p.70	많으셨습니다 [마느셛씀니다]
Fortis Articulation p.76	3일 동안 [사밀똥안] 많으셨습니다 [마느셛씀니다] 덕분에 [덕뿌네] 지낼 수 있을 거 [지낼쑤이쓸꺼] 없었는데요 [업썬는데요] 익숙하지도 [익쑤카지도] 짧게 [짤께]
Palatalization p.86	같이 [가치]
Nasalization ① p.92	많으셨습니다 [마느셛씀니다] 같네요 [간네요] 없었는데요 [업썬는데요] 됐는데 [됀는데] 첫날에는 [천나레는] 마지막 날 [마지망날]

3. Repeat after the recording and make pauses carefully with the mark /.

(1)

회장 **자**, 여러분, 3일 동안 봉사 활동 하시느라 / 고생 많으셨습니다. 여러분이 도와주신 덕분에 / 우리 어르신들이 이번 겨울도 따뜻하게 **지낼 수 있을 거 같네요**. 아, 저스틴 씨, 연탄 나르는 일은 처음이라 **힘들었을 거 같은데** 어떠셨어요?

- In colloquial speech, you can use 자 to bring the listener to attention.
- Like the 거 in 지낼 수 있을 거, 거 is used more often than 것 colloquially. It sounds more natural when 지낼 수 있을 거 같네요 is spoken without pause. It is the same for the 거 in 힘들었을 거 같은데.

(2)

저스틴 그전까지는 봉사활동에 별로 관심이 **없었는데요**. **음**, 이번에 한국 친구가 같이 하자고 해서 하게 됐는데 와서 해 보니까 / 힘은 들지만 **재밌고** 보람도 있었어요. 작은 힘이지만 / 어르신들에게 도움이 된다고 생각하니 뿌듯해요.

- When a sentence ends with -(으)ㄴ/는데 like 없었는데요, it means the speaker has not finished speaking, so the intonation is raised slightly at the end.
- 음 is prolonged because it is used when the speaker is trying to think of the appropriate thing to say in the middle of his speech.
- In colloquial speech, if the same vowel sound is repeated, that sound is shortened. 재미있고 is shortened to 재밌고.

(3)

저스틴 첫날에는 익숙하지도 않고 좀 힘들었는데 / **마지막 날 되니까** 시간이 짧게 느껴지고 아쉬워요. 앞으로 또 기회가 되면 / 다른 봉사 활동도 해 보고 싶어요.

- When a postpositional particle is omitted like in 마지막 날 되니까, it sounds more natural to say the phrase without pause.

● Volunteering

4. Take note of the pronunciation, pauses, and speed while reading the following.

회장　자, 여러분, 3일 동안 봉사 활동 하시느라 고생 많으셨습니다. 여러분이 도와주신 덕분에 우리 어르신들이 이번 겨울도 따뜻하게 지낼 수 있을 거 같네요. 아, 저스틴 씨, 연탄 나르는 일은 처음이라 힘들었을 거 같은데 어떠셨어요?

저스틴　그전까지는 봉사 활동에 별로 관심이 없었는데요. 음, 이번에 한국 친구가 같이 하자고 해서 하게 됐는데 와서 해 보니까 힘은 들지만 재밌고 보람도 있었어요. 작은 힘이지만 어르신들에게 도움이 된다고 생각하니 뿌듯해요. 첫날에는 익숙하지도 않고 좀 힘들었는데 마지막 날 되니까 시간이 짧게 느껴지고 아쉬워요. 앞으로 또 기회가 되면 다른 봉사 활동도 해 보고 싶어요.

Estimated reading time : 1 minute

Record how long it took for you to read!

First Reading	minute(s)	second(s)
Second Reading	minute(s)	second(s)
Third Reading	minute(s)	second(s)

Colloquial Speech

❷ 인터뷰 1 취업 준비생
[Interview 1] Job Seeker

1. Listen to the following, paying attention to the underlined words.

Track 104

진행자　취업 준비생 한 분을 만나 보겠습니다. 요즘 왜 <u>이렇게</u> 취
　　　　　　　　　　　　　　　　　　　　　　　　　　　[이러케]
　　　　업이 힘들다고 보십니까?

김해빈　신입을 <u>뽑는</u> 데가 <u>많지</u> <u>않아요</u>. 진짜 없죠. 기업들은 대부
　　　　　　　[뽐는]　　　　[만치] [아나요]
　　　　분 <u>경력직</u>을 많이 뽑더라고요. 좋은 <u>일자리</u>는 적으니까
　　　　　　[경녁찌글]　　　　　　　　　　　　[일짜리]

그만큼 경쟁률이 높고요. 저는 지금 4학년 1학기인데 서
　　　　[경쟁뉴리] [놉꼬요]　　　　　　　　[사항년]

류는 몇 군데더라…. 한 서른 여섯 군데 정도 넣었나? 근
　　　　　　　　　　　[서른녀섣꾼데]　　　[너언나]

데 다 떨어졌어요. 아직은 거의 대기업만 지원하고 있어
　　　　　　　　　　　　　　　[대기엄만]

요. 대기업이 조건이 훨씬 좋고 중소기업이랑 연봉 차이
　　　　　　[조꺼니]　　[조코]

가 많이 나잖아요. 그러니까 처음부터 좋은 일자리를 얻
　　　　[나자나요]

으려고 해서 취업 준비 기간이 길어지는 거 같아요. 그러

다가 취업 포기하는 사람들도 늘고요. 청년 실업률은 점
　　　　　　　　　　　　　　　　　　　　　[시럼뉴른]

점 더 높아지고 있는데 정말 걱정이에요.

2. Practice the following pronunciations. Listen carefully and repeat.

Track 105

Aspirated Consonants p.62	이렇게 [이러케] 많지 [만치] 좋고 [조코]
Elimination of ㅎ Pronunciation p.70	않아요 [아나요] 넣었나 [너언나] 나잖아요 [나자나요]
Fortis Articulation p.76	경력직을 [경녁찌글] 일자리 [일짜리] 서른 여섯 군데 [서른녀섣꾼데] 높고요 [놉꼬요] 조건이 [조꺼니]
Nasalization ① p.92	뽑는 [뽐는] 4학년 [사항년] 넣었나 [너언나] 대기업만 [대기엄만]
Nasalization ② p.100	경력직을 [경녁찌글] 경쟁률이 [경쟁뉴리]
Nasalization ③ p.106	실업률은 [시럼뉴른]
Addition of ㄴ p.120	서른 여섯 군데 [서른녀섣꾼데]

3. Repeat after the recording and make pauses carefully with the mark /.

(1)

진행자 취업 준비생 한 분을 만나 보겠습니다. 요즘 왜 이렇게 취업이 힘들다고 보십니까?

김해빈 신입을 뽑는 데가 많지 않아요. 진짜 없죠. 기업들은 대부분 경력직을 많이 **뽑더라고요**. 좋은 일자리는 적으니까 / 그만큼 경쟁률이 높고요.

- –고요, as in 뽑더라고요, is sometimes pronounced –구요 in colloquial speech.

(2)

김해빈 저는 지금 4학년 1학기인데 / 서류는 **몇 군데더라** …. 한 서른여섯 군데 정도 넣었나? **근데** 다 떨어졌어요.

- For 몇 군데더라, the intonation is slightly raised.
- In many cases, 그런데 is shortened to 근데 when spoken.

(3)

김해빈 아직은 거의 대기업만 지원하고 있어요. 대기업이 조건이 훨씬 좋고 / 중소기업이랑 연봉 차이가 많이 나잖아요. 그러니까 처음부터 좋은 일자리를 **얻으려고** 해서 / 취업 준비 기간이 **길어지는 거 같아요**. 그러다가 취업 포기하는 사람들도 늘고요. 청년 실업률은 점점 더 높아지고 있는데 / 정말 걱정이에요.

- 얻으려고 is sometimes pronounced 얻을려고 with the ㄹ sound added in colloquial speech.
- The 같아요 in 길어지는 것 같아요 is sometimes pronounced 같애요 in colloquial speech, and it is more natural when 길어지는 거 같아요 is spoken without pausing.

4. Take note of the pronunciation, pauses, and speed while reading the following.

진행자	취업 준비생 한 분을 만나 보겠습니다. 요즘 왜 이렇게 취업이 힘들다고 보십니까?
김해빈	신입을 뽑는 데가 많지 않아요. 진짜 없죠. 기업들은 대부분 경력직을 많이 뽑더라고요. 좋은 일자리는 적으니까 그만큼 경쟁률이 높고요. 저는 지금 4학년 1학기인데 서류는 몇 군데더라…. 한 서른 여섯 군데 정도 넣었나? 근데 다 떨어졌어요. 아직은 거의 대기업만 지원하고 있어요. 대기업이 조건이 훨씬 좋고 중소기업이랑 연봉 차이가 많이 나잖아요. 그러니까 처음부터 좋은 일자리 얻으려고 해서 취업 준비 기간이 길어지는 거 같아요. 그러다가 취업 포기하는 사람들도 늘고요. 청년 실업률은 점점 더 높아지고 있는데 정말 걱정이에요.

Estimated reading time : 1 minute 4 seconds

⏱ Record how long it took for you to read!

First Reading	minute(s)	second(s)
Second Reading	minute(s)	second(s)
Third Reading	minute(s)	second(s)

Colloquial Speech

❸ 영화 '괴물' The Host

1. Listen to the following, paying attention to the underlined words.

Track 107

민호   와! 날씨 <u>좋다</u>. 한강에 오니까 영화 '괴물'이 생각나네요.
             [조타]
       거기에 한강 나오거든요.

페이   어떤 <u>영화인데요</u>?
       [어떤녕화/어떤녕와]

민호   2005년인가 <u>6년인가</u> 예전 영화인데요. <u>이렇게</u> 사람들이
              [융녀닌가]   [이러케]

쉬고 있는데 저쪽 다리에서 큰 괴물이 하나 올라와요. 그
[인는데]
래서 다들 놀라서 도망가고 괴물한테 밟히고 난리가 나
　　　　　　　　　　　　　　　[발피고] [날리]
요. 주인공 가족도 놀라서 막 도망가는데 그러다가 딸이

괴물한테 잡혀 가요. 그래서 가족들이 그 애 찾으러 다니
　　　　　[자펴가요]
고 괴물 죽이고 뭐 그런 이야기예요.

페이　　와! 재밌겠다. 그럼 저쪽에서 괴물이 나오는 거예요?

민호　　네, 예전에 감독이 인터뷰한 걸 봤는데 중학교 때 버스 타
　　　　　　　　　　　　　　　　　　[반는데] [중학꾜]
　　　　고 한강을 지나다가 괴물 같은 걸 봤대요. 그래서 나중에
　　　　　　　　　　　　　　　　　　　[받때요]
　　　　영화감독이 되면 영화로 만들어야겠다고 생각했대요. 얘
　　　　　　　　　　　　　　　　　　　　　　　　[생가캔때요]
　　　　기하다 보니까 다시 보고 싶네요.
　　　　　　　　　　　　　[보고심네요]

3 The Host　153

2. Practice the following pronunciations. Listen carefully and repeat.

Track 108

Aspirated Consonants p.62	이렇게 [이러케] 밟히고 [발피고] 잡혀 가요 [자펴가요] 생각했대요 [생가캔때요]
Fortis Articulation p.76	중학교 [중학꾜] 봤대요 [받때요] 생각했대요 [생가캔때요]
Nasalization ① p.92	육년인가 [융녀닌가] 있는데 [인는데] 봤는데 [본는데] 보고 싶네요 [보고심네요]
Nasalization ② p.100	난리 [날리]
Addition of ㄴ p.120	어떤 영화 [어떤녕화]

Track 109

3. Repeat after the recording and make pauses carefully with the mark /.

(1)
민호   와! 날씨 **좋다**. 한강에 오니까 영화 '괴물'이 생각나네요. 거기에 한강 **나오거든요**.

- When speaking in admiration like 좋다, the intonation is raised slightly at the end.
- When -거든 indicates reason like 나오거든요, the intonation is lowered slightly at the end.
- In the case of 나오거든요, it is generally pronounced [나오거든뇨] by adding a ㄴ sound in front of 요 instead of pronouncing it [나오거드뇨].

(2)

페이 어떤 영화인데요?

민호 <mark>2005년인가</mark> 6년인가 예전 영화인데요. 이렇게 사람들이 쉬고 있는데 / 저쪽 다리에서 큰 괴물이 하나 올라와요. 그래서 다들 놀라서 도망가고 / 괴물한테 밟히고 / 난리가 나요. 주인공 가족도 놀라서 막 도망가는데 / 그러다가 딸이 괴물한테 잡혀 가요. 그래서 가족들이 그 애 찾으러 다니고 / 괴물 죽이고 / <mark>뭐 그런 이야기예요</mark>.

- The intonation of 2005년인가 is slightly raised at the end.
- For 뭐 그런 이야기예요, it is more natural when 뭐 is slightly stretched and 그런 이야기예요 is spoken without pausing.

(3)

페이 와! <mark>재밌겠다</mark>. 그럼 저쪽에서 괴물이 나오는 거예요?

- When a consonant is repeated in colloquial speech, it may be shortene. As seen with 재밌겠다, 재미있겠다 is shortened. When speaking in admiration like 재밌겠다, the intonation is slightly raised at the end.

(4)

민호 네, 예전에 감독이 <mark>인터뷰한 걸</mark> 봤는데 / 중학교 때 <mark>버스 타고</mark> 한강을 지나다가 / <mark>괴물 같은 걸</mark> 봤대요. 그래서 나중에 영화감독이 되면 / 영화로 만들어야겠다고 생각했대요. 얘기하다 보니까 다시 보고 싶네요.

- Like the 걸 in 인터뷰한 걸 and 괴물 같은 걸, 것을 is frequently shortened to 걸 in colloquial speech. It sounds more natural to say 인터뷰한 걸 and 괴물 같은 걸 without pausing.
- When a postpositional particle is omitted like in 버스 타고, it sounds more natural to speak the phrase without pausing.

4. Take note of the pronunciation, pauses, and speed while reading the following.

민호 와! 날씨 좋다. 한강에 오니까 영화 '괴물'이 생각나네요. 거기에 한강 나오거든요.

페이 어떤 영화인데요?

민호 2005년인가 6년인가 예전 영화인데요. 이렇게 사람들이 쉬고 있는데 저쪽 다리에서 큰 괴물이 하나 올라와요. 그래서 다들 놀라서 도망가고 괴물한테 밟히고 난리가 나요. 주인공 가족도 놀라서 막 도망가는데 그러다가 딸이 괴물한테 잡혀 가요. 그래서 가족들이 그 애 찾으러 다니고 괴물 죽이고 뭐 그런 이야기예요.

페이 와! 재밌겠다. 그럼 저쪽에서 괴물이 나오는 거예요?

민호 네, 예전에 감독이 인터뷰한 걸 봤는데 중학교 때 버스 타고 한강을 지나다가 괴물 같은 걸 봤대요. 그래서 나중에 영화감독이 되면 영화로 만들어야겠다고 생각했대요. 얘기하다 보니까 다시 보고 싶네요.

Estimated reading time : 1 minute 15 seconds

 Record how long it took for you to read!

First Reading	minute(s)	second(s)
Second Reading	minute(s)	second(s)
Third Reading	minute(s)	second(s)

Colloquial Speech

④ 남이섬 Nami Island

1. Listen to the following, paying attention to the underlined words.

Track 110

페이   남이섬 갔다 왔다면서요? 저도 가 보고 싶은데 어땠어요?

지원   너무 <u>좋았어요</u>. 경치도 <u>좋고</u> 서울에서 2시간도 안 걸리고
          [조아써요]   [조코]

       <u>입장료</u>도 배 타는 것까지 해서 만 원 정도였어요.
       [입짱뇨]

페이   <u>생각보다</u> <u>가깝네요</u>. 근데 평일에도 거긴 사람 <u>많죠</u>?
         [생각뽀다] [가깜네요]   [만쵸]

지원　네, 우리 갔을 때도 많았어요. 외국 사람이 되게 <u>많던데요</u>.
　　　　　　　　　　　　　　　　　　　　　　　[만턴데요]

중국이나 동남아 쪽에서 온 <u>관광객들</u>. 요즘에 한국 드라마
　　　　　　　　　　　　　　[관광객뜰]

가 인기 많아서 그런가 봐요. 예전에는 겨울 연가 때문에 남

이섬이 <u>유명했는데</u> 그것도 <u>십 년이</u> 넘었으니까 이제 그 드
　　　　[유명핸는데]　　　　[심녀니]

라마 모르고 오는 사람도 <u>있을걸요</u>. 그래도 주인공들 사진
　　　　　　　　　　　　　[이쓸껄료]

이나 첫 키스한 장소는 지금도 있어요. 그리고 예쁜 데가 많

아서 사진 계속 찍었는데 그… 영화나 드라마에 <u>많이</u> 나오
　　　　　　　　　　　　　　　　　　　　　　[마니]

는 길 <u>있잖아요</u>. 양쪽에 나무가 쫙 <u>있는</u> 길. 거기서 멋있는
　　　[읻짜나요]　　　　　　　　　　[인는]

사진 많이 찍었어요. <u>같이</u> 간 친구가 사진을 잘 <u>찍거든요</u>.
　　　　　　　　　　[가치]　　　　　　　　　　　　[찍꺼든뇨]

2. Practice the following pronunciations. Listen carefully and repeat.

Track 111

Aspirated Consonants p.62	많죠[만쵸] 많던데요[만턴데요]
Elimination of ㅎ pronunciation p.70	좋았어요 [조아써요] 많았어요 [마나써요] 많아서 [마나서] 있잖아요 [읻짜나요] 많이 [마니]
Fortis Articulation p.76	입장료[입짱뇨] 생각보다[생각뽀다] 관광객들[관광객뜰] 있을걸요[이쓸껄료] 찍거든요[찍꺼든뇨]
Palatalization p.86	같이 [가치]
Nasalization ① p.92	가깝네요 [가깜네요] 유명했는데 [유명핸는데] 십 년이 [심녀니] 있는 [인는]
Nasalization ② p.100	입장료 [입짱뇨]

3. Repeat after the recording and make pauses carefully with the mark /.

(1)

페이 남이섬 갔다 왔다면서요? 저도 **가 보고 싶은데** 어땠어요?

지원 너무 좋았어요. 경치도 좋고 / 서울에서 2시간도 안 걸리고 / 입장료도 **배 타는 것까지 해서** 만 원 정도였어요.

- 가 보고 싶은데 must be spoken without pause to convey the meaning well.
- When a postpositional particle is omitted like in 배 타는 것까지 해서, it sounds more natural to speak the phrase without pausing.

(2)

페이 생각보다 가깝네요. 근데 평일에도 **거긴** 사람 많죠?

- In many cases, 거기는 is shortened to 거긴 in colloquial speech.

(3)

지원 네, **우리 갔을 때도** 많았어요. 외국 사람이 되게 많던데요. **중국이나 동남아 쪽에서 온 관광객들**. 요즘에 한국 드라마가 **인기 많아서 그런가 봐요**.

- When a postpositional particle is omitted like in 우리 갔을 때도 and 인기 많아서, it sounds more natural to say the phrase without pausing.
- Additional description of what was said earlier may follow like 중국이나 동남아 쪽에서 온 관광객들 in colloquial speech.
- 그런가 봐요 must be spoken without pausing to convey the meaning well.

(4)

지원   예전에는 / 겨울연가 때문에 남이섬이 유명했는데 / 그것도 십 년이 넘었으니까 / 이제 그 드라마 모르고 오는 사람도 <mark>있을걸요</mark>. 그래도 주인공들 사진이나 첫 키스한 장소는 / 지금도 있어요.

- When −을걸 indicates speculation like in 있을걸요, the intonation is slightly raised.
- Generally, in the case of 있을걸요, a ㄴ sound is added in front of 요 instead of pronouncing it [이쓸꺼료]. The added ㄴ becomes a ㄹ due to the influence of the final consonant ㄹ in 걸, making the pronunciation [이쓸껄료].

(5)

지원   그리고 예쁜 데가 많아서 사진 계속 찍었는데 <mark>그…</mark> 영화나 드라마에 많이 나오는 길 있잖아요. / 양쪽에 나무가 쫙 있는 길. / 거기서 멋있는 사진 많이 찍었어요. / <mark>같이 간 친구가</mark> 사진을 <mark>잘 찍거든요</mark>.

- 그… is a filler used while the speaker is organizing his or her thoughts, so it is stretched.
- For 같이 간 친구가 and 잘 찍거든요, it is more natural to say the phrases without pausing.

4. Take note of the pronunciation, pauses, and speed while reading the following.

페이   남이섬 갔다 왔다면서요? 저도 가 보고 싶은데 어땠어요?

지원   너무 좋았어요. 경치도 좋고 서울에서 2시간도 안 걸리고 입장료도 배 타는 것까지 해서 만 원 정도였어요.

페이   생각보다 가깝네요. 근데 평일에도 거긴 사람 많죠?

지원   네, 우리 갔을 때도 많았어요. 외국 사람이 되게 많던데요. 중국이나 동남아 쪽에서 온 관광객들. 요즘에 한국 드라마가 인기 많아서 그런가 봐요. 예전에는 겨울 연가 때문에 남이섬이 유명했는데 그것도 십 년이 넘었으니까 이제 그 드라마 모르고 오는 사람도 있을걸요. 그래도 주인공들 사진이나 첫 키스한 장소는 지금도 있어요. 그리고 예쁜 데가 많아서 사진 계속 찍었는데 그… 영화나 드라마에 많이 나오는 길 있잖아요. 양쪽에 나무가 쫙 있는 길. 거기서 멋있는 사진 많이 찍었어요. 같이 간 친구가 사진을 잘 찍거든요.

Estimated reading time : 1 minute 16 seconds

Record how long it took for you to read!

First Reading	minute(s)	second(s)
Second Reading	minute(s)	second(s)
Third Reading	minute(s)	second(s)

❺ 스트레칭 Stretching

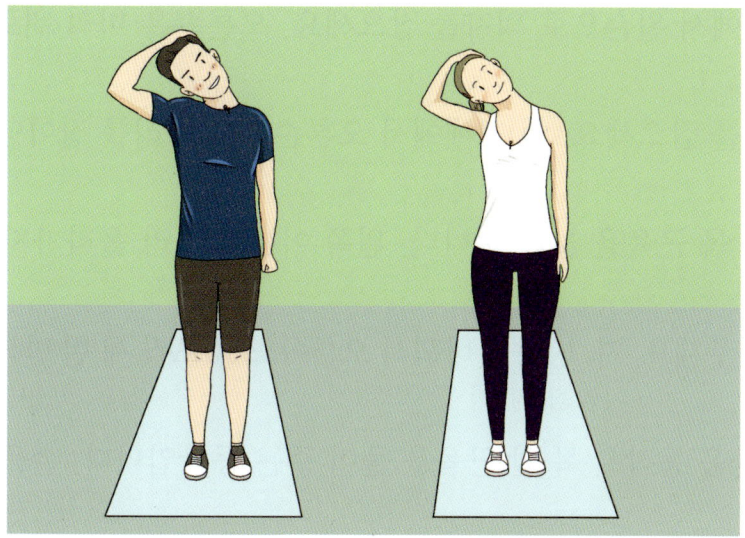

1. Listen to the following, paying attention to the underlined words.

Track 113

안녕하세요? 오늘도 저와 함께 <u>간단한</u> 스트레칭을 배워 <u>보겠</u>
　　　　　　　　　　　　　　　　[간단한/간다난]　　　　　[보겓씀니다/보게씀니다]

<u>습니다</u>. 하루 종일 <u>책상</u> 앞에 한 자세로 <u>앉아</u> 있다 보면 <u>온몸의</u> 근
　　　　　　　　　　[책쌍]　　　　　　　　　[안따]　　　　　　[온모메]

육이 <u>뻣뻣해지는</u> 걸 느끼실 텐데요. <u>오랫동안</u> 같은 자세로 <u>있게</u>
　　　[뻗뻐태지는]　　　　　　　　　　　[오랟똥안]　　　　　　　　[읻께]

되면 관절과 근육에 무리가 오고 또 어깨나 허리 <u>통증</u>으로 이어지
　　　　　　　　　　　　　　　　　　　　　　　　　[통쯩]

기 <u>쉽습니다</u>. 그래서 이번 시간에는 의자에 앉아서 <u>쉽게</u> <u>할 수 있는</u>
　　[쉽씀니다]　　　　　　　　　　　　　　　　　　　　[쉽께]　[할쑤인는]

목과 어깨 스트레칭 방법에 대해 알아보겠습니다.
[목꽈]

　　먼저 딱딱해진 목 근육을 풀어 보는 동작인데요. 의자에 앉은
　　　　[딱따캐진]

상태에서 왼손으로 의자를 잡으세요. 오른손은 머리 위로 넘겨서

머리를 잡으세요. 이 자세에서 오른손으로 머리를 잡아당기며 10

초간 목 근육을 늘려 줍니다. 왼쪽 어깨가 따라 올라가지 않게 주
　　　　　　　　　　　　　　　　　　　　　　　　[안케]

의해 주세요. 자, 방향을 바꿔서 오른쪽도 10초씩 세 번 반복하세요.
　　　　　　[방향/방양]　　　　　　　　　　　　　[반보카세요]

　　다음 동작은 목 앞 근육을 풀어 주는 동작입니다. 손을 깍지 껴

서 목 뒤에 대 주시고요. 목에 힘을 빼고 천천히 뒤로 머리를 젖히
　　　　　　　　　　　　　　　　　[천천히/천처니]　　　　　[저치세요]

세요. 이때 깍지 낀 손은 움직이지 않도록 합니다. 이 동작을 10

초씩 세 번 정도 반복해 줍니다.

2. Practice the following pronunciations. Listen carefully and repeat.

Track 114

Aspirated Consonants p.62	뻣뻣해지는 [뻗뻐태지는] 딱딱해진 [딱따캐진] 않게 [안케] 반복하세요 [반보카세요] 젖히세요 [저치세요]
Fortis Articulation p.76	보겠습니다 [보겓씀니다] 책상 [책쌍] 있다 [읻따] 오랫동안 [오랟똥안] 있게 [읻께] 통증 [통쯩] 쉽습니다 [쉽씀니다] 쉽게 [쉽께] 할 수 있는 [할쑤인는] 목과 [목꽈]
Nasalization ① p.92	보겠습니다 [보겐씀니다] 쉽습니다 [쉽씀니다] 할 수 있는 [할쑤인는]

⑤ Stretching 165

3. Repeat after the recording and make pauses carefully with the mark /.

(1)

안녕하세요? 오늘도 저와 함께 / 간단한 스트레칭을 배워 보겠습니다. 하루 종일 책상 앞에 한 자세로 앉아 있다 보면 / 온몸의 근육이 뻣뻣해지는 걸 느끼실 텐데요. 오랫동안 같은 자세로 있게 되면 / 관절과 근육에 무리가 오고 / 또 어깨나 허리 통증으로 이어지기 쉽습니다.

- Like the 걸 in 뻣뻣해지는 걸, 것을 is often shortened in colloquial speech. It sounds more natural when 뻣뻣해지는 걸 is spoken without pausing.
- Like 느끼실 텐데요, the intonation is slightly raised at the end when −(으)ㄹ 텐데 indicates speculation.

(2)

그래서 이번 시간에는 / 의자에 앉아서 쉽게 할 수 있는 / 목과 어깨 스트레칭 방법에 대해 알아 보겠습니다.

- 의자에 앉아서 쉽게 할 수 있는 modifies the 목과 어깨 스트레칭 방법 that follows. The meaning is conveyed well when 의자에 앉아서 쉽게 할 수 있는 and 목과 어깨 스트레칭 방법 are spoken without pausing.

(3)

먼저 / 딱딱해진 목 근육을 풀어 보는 동작인데요. 의자에 앉은 상태에서 / 왼손으로 의자를 잡으세요.

- When a sentence ends with −으(ㄴ)/는데 like in 동작인데요, it means the speaker has not finished speaking, so the intonation is slightly raised at the end.

(4)

오른손은 / 머리 위로 넘겨서 머리를 잡으세요. 이 자세에서 / 오른손으로 머리를 잡아당기며 / 10초간 목 근육을 늘려 줍니다. 왼쪽 어깨가 / 따라 올라가지 않게 주의해 주세요. **자**, 방향을 바꿔서 / 오른쪽도 10초씩 세 번 반복하세요.

- In colloquial speech, you can use 자 to get the listener to pay attention and to encourage an action.

(5)

다음 동작은 / 목 앞 근육을 풀어주는 동작입니다. 손을 깍지 껴서 목 뒤에 대 **주시고요**. / 목에 힘을 빼고 천천히 뒤로 머리를 젖히세요. 이때 깍지 낀 손은 / 움직이지 않도록 합니다. 이 동작을 / 10초씩 세 번 정도 반복해 줍니다.

- Like 주시고요, 요 is added to a connective suffix in a sentence as well as at the end of a sentence in colloquial speech.

4. Take note of pronunciation, pauses and speed while reading the following.

> 안녕하세요? 오늘도 저와 함께 간단한 스트레칭을 배워 보겠습니다. 하루 종일 책상 앞에 한 자세로 앉아 있다 보면 온몸의 근육이 뻣뻣해지는 걸 느끼실 텐데요. 오랫동안 같은 자세로 있게 되면 관절과 근육에 무리가 오고 또 어깨나 허리 통증으로 이어지기 쉽습니다. 그래서 이번 시간에는 의자에 앉아서 쉽게 할 수 있는 목과 어깨 스트레칭 방법에 대해 알아보겠습니다.
>
> 먼저 딱딱해진 목 근육을 풀어 보는 동작인데요. 의자에 앉은 상태에서 왼손으로 의자를 잡으세요. 오른손은 머리 위로 넘겨서 머리를 잡으세요. 이 자세에서 오른손으로 머리를 잡아당기며 10초간 목 근육을 늘려 줍니다. 왼쪽 어깨가 따라 올라가지 않게 주의해 주세요. 자, 방향을 바꿔서 오른쪽도 10초씩 세 번 반복하세요.
>
> 다음 동작은 목 앞 근육을 풀어 주는 동작입니다. 손을 깍지 껴서 목 뒤에 대 주시고요. 목에 힘을 빼고 천천히 뒤로 머리를 젖히세요. 이때 깍지 낀 손은 움직이지 않도록 합니다. 이 동작을 10초씩 세 번 정도 반복해 줍니다.

Estimated reading time : 1 minute 34 seconds

Record how long it took for you to read!

First Reading	minute(s)	second(s)
Second Reading	minute(s)	second(s)
Third Reading	minute(s)	second(s)

Colloquial Speech

6 인터뷰 2 영화 감독
Interview 2   Film Director

1. Listen to the following, paying attention to the underlined words.

Track 116

리포터   요즘 화제가 되고 있는 영화 '선택' 여러분도 <u>보셨나요</u>?
[보션나요]

관객 수가 벌써 <u>5백 만</u> 명이 넘었다고 하죠? <u>7년</u> 만에 새
[오뱅만]   [칠련]

영화로 팬들을 찾아온 박주영 감독을 만나보도록 하겠습

니다. <u>감독님</u> 안녕하세요? 영화 정말 <u>재미있던데요</u>.
　　　[감동님]　　　　　　　　　　　　[재미읻떤데요]

감독	네, 감사합니다. 좋<u>게</u> 봐 주셔서. 　　　　　　　[조케]
리포터	야구를 주제로 한 영화가 많이 나와 있는데 이 영화를 통해 어떤 메시지를 주려고 <u>하셨는지</u> 소개 좀 해 주시죠. 　　　　　　　　　　　　　[하션는지]
감독	야구와 인생이 <u>닮았다고들</u> <u>하잖아요</u>. <u>끝이라고</u> <u>생각해도</u> 　　　　　[달맏따고들]　[하자나요]　　[끄치라고]　[생가캐도] 끝<u>난</u> 게 아니고 끝까지 가 봐야 알 수 있고요. 또 혼자 힘 [끈난] 으로는 안 되는 게 야구고 인생인데요. 그 중에서도 뭐랄 까. 다른 사람들을 <u>빛내기</u> 위해서 뒤에서 조용히 <u>돕는</u> 사 　　　　　　　　[빈내기]　　　　　　　　　　　[돔는] 람들 얘길 하고 싶었어요. 그런 사람들이 없으면 절대로 팀이 <u>승리</u>할 수 없잖아요. 바로 이런 선수들의 이야기라 　　　[승니] 고 보시면 돼요. 야구 팬으로서 <u>한국 야구</u>를 응원하는 마 　　　　　　　　　　　　　　　[한궁냐구] 음도 담았고요.

2. Practice the following pronunciations. Listen carefully and repeat.

Aspirated Consonants p.62	좋게 [조케] 생각해도 [생가캐도]
Elimination of ㅎ Pronunciation p.70	하잖아요 [하자나요]
Fortis Articulation p.76	재미있던데요 [재미읻떤데요] 닮았다고들 [달맏따고들]
Palatalization p.86	끝이라고 [끄치라고]
Nasalization ① p.92	보셨나요? [보션나요] 5백 만 [오뱅만] 감독님 [감동님] 하셨는지 [하션는지] 끝난 [끈난] 빛내기 [빈내기] 돕는 [돔는]
Nasalization ② p.100	승리 [승니]
Liquidization p.112	7년 [칠련]
Addition of ㄴ p.120	한국 야구 [한궁냐구]

3. Repeat after the recording and make pauses carefully with the mark /.

(1)

리포터 요즘 화제가 되고 있는 영화 '선택' / 여러분도 보셨나요? 관객 수가 벌써 5백 만 명이 넘었다고 **하죠**?

- In colloquial speech, –지요? may be shortened to 죠? like in 하죠? To raise the intonation at the end as if it were a question makes it sound awkward. The intonation is only slightly raised.

(2)

리포터   7년 만에 새 영화로 팬들을 찾아온 / 박주영 감독님을 만나 보도록 하겠습니다. 감독님 안녕하세요? 영화 정말 <mark>재미있던데요</mark>.

- When a sentence ends with －던데 like in 재미있던데요, it means the speaker has not finished talking yet, so the intonation is slightly raised at the end.

(3)

감독   네, 감사합니다. 좋게 봐 주셔서.

리포터   야구를 주제로 한 영화가 많이 나와 있는데 / 이 영화를 통해 어떤 메시지를 주려고 하셨는지 / 소개 좀 해 주시지요.

- It sounds more natural to make a pause after the connective suffixes 있는데 and 하셨는지.

(4)

감독   야구와 인생이 닮았다고들 하잖아요. 끝이라고 생각해도 끝난 게 아니고 / 끝까지 가 봐야 알 수 <mark>있고요</mark>. 또 혼자 힘으로는 안 되는 게 야구고 <mark>인생인데요</mark>.

- Like 있고요, －요 is added to a connective suffix in the middle of a sentence as well as at the end of a sentence in colloquial speech.
- When a sentence ends with －(으)ㄴ/는데 like in 인생인데요, it means the speaker has not finished talking yet so the intonation is slightly raised at the end.

(5)

감독   그 중에서도 <mark>뭐랄까</mark>. / 다른 사람들을 빛내기 위해서 / 뒤에서 조용히 돕는 사람들 얘길 / 하고 싶었어요. 그런 사람들이 없으면 / 절대로 팀이 승리할 수 없잖아요. 바로 이런 선수들의 이야기라고 보시면 돼요. 야구 팬으로서 / 한국 야구를 응원하는 마음도 담았고요.

- 뭐랄까 is used when the speaker is trying to think of something to say. It sounds more natural to make a pause after the phrase.

4. Take note of the pronunciation, pauses, and speed while reading the following.

리포터   요즘 화제가 되고 있는 영화 '선택' 여러분도 보셨나요? 관객 수가 벌써 5백 만 명이 넘었다고 하죠? 7년 만에 새 영화로 팬들을 찾아온 박주영 감독을 만나 보도록 하겠습니다. 감독님 안녕하세요? 영화 정말 재미있던데요.

감독   네, 감사합니다. 좋게 봐 주셔서.

리포터   야구를 주제로 한 영화가 많이 나와 있는데 이 영화를 통해 어떤 메시지를 주려고 하셨는지 소개 좀 해 주시죠.

감독   야구와 인생이 닮았다고들 하잖아요. 끝이라고 생각해도 끝난 게 아니고 끝까지 가 봐야 알 수 있고요. 또 혼자 힘으로는 안 되는 게 야구고 인생인데요. 그 중에서도 뭐랄까. 다른 사람들을 빛내기 위해서 뒤에서 조용히 돕는 사람들 얘길 하고 싶었어요. 그런 사람들이 없으면 절대로 팀이 승리할 수 없잖아요. 바로 이런 선수들의 이야기라고 보시면 돼요. 야구 팬으로서 한국 야구를 응원하는 마음도 담았고요.

Estimated reading time : 1 minute 14 seconds

⏱ Record how long it took for you to read!

First Reading	minute(s)	second(s)
Second Reading	minute(s)	second(s)
Third Reading	minute(s)	second(s)

Colloquial Speech

❼ 광장시장 Gwangjang Market

1. Listen to the following, paying attention to the underlined words.

Track 119

서울에서 가 볼 만한 곳으로 저는 광장시장을 추천하고 싶은
        [가볼만한/가볼마난]   [추천하고/추처나고]

데요. 유명한 관광지도 좋지만 시장 구경하는 거 재미있잖아요.
                    [조치만]   [재미읻짜나요]

광장시장은 종로 5가에 있는데 안에 들어가면 물건도 많이 있고
      [종노]   [인는데]   [마니]

요, 꽤 커요.

요즘은 외국인들도 많던데 거기서 한복 사 가고 그러더라구
                 [만턴데]

요. 거기가 옛날부터 한복이 유명해서 한복 파는 데가 많거든요.
[옌날] [만커든뇨]

근데 광장시장하면 음식이 제일 유명해요. 빈대떡하고 마약김밥,
[빈대떠카고]

육회가 유명한데요. 입구 쪽에 유명한 빈대떡 집이 있어요. 아마
[유쾨] [빈대떡찝]

주말에는 줄 서서 먹어야 될걸요. 고소한 빈대떡 냄새가 나서 시
[될껄료] [빈대떵냄새]

장 들어가면 안 먹을 수가 없어요. 마약김밥이란 것도 유명한데
[안머글쑤] [걷또]

이름이 좀 신기하죠? 자꾸 먹고 싶어진다고 마약김밥인데 김밥

찍어 먹으라고 겨자 소스를 주거든요. 그 소스가 되게 맛있어요.

그리고 육회 좋아하면 육회 맛집도 많으니까 한번 가 보세요.
[조아하면] [맏찝또] [마느니까]

2. Practice the following pronunciations. Listen carefully and repeat.

Track 120

Aspirated Consonants p.62	좋지만 [조치만] 많던데 [만턴데] 많거든요 [만커든뇨] 빈대떡하고 [빈대떠카고] 육회 [유쾨]
Elimination of ㅎ Pronunciation p.70	재미있잖아요 [재미읻짜나요] 많이 [마니] 좋아하면 [조아하면] 많으니까 [마느니까]
Fortis Articulation p.76	재미있잖아요 [재미읻짜나요] 빈대떡 집 [빈대떡찝] 될걸요 [될껄료] 안 먹을 수 [안머글쑤] 것도 [걷또] 맛집도 [맏찝또]
Nasalization ① p.92	있는데 [인는데] 옛날 [옌날] 빈대떡 냄새 [빈대떵냄새]
Nasalization ② p.100	종로 [종노]

3. Repeat after the recording and make pauses carefully with the mark /.

Track 121

(1)
> 서울에서 **가 볼 만한 곳으로** / 저는 광장시장을 추천하고 **싶은데요**. 유명한 관광지도 좋지만 / 시장 구경하는 거 재미있잖아요. 광장시장은 종로 5가에 있는데 / 안에 들어가면 물건도 많이 **있고요**, / 꽤 커요.
>
> - It sounds more natural to say 가 볼 만한 곳으로 without pausing.
> - When a sentence ends with -(으)ㄴ/는데 like in 싶은데요, it means the speaker has not finished talking yet, so the intonation is slightly raised at the end.
> - Like 있고요, -요 is added to a connective suffix in the middle of a sentence as well as at the end of a sentence in colloquial speech.

(2)
> 요즘은 외국인들도 많던데 / 거기서 **한복 사 가고 그러더라구요**. 거기가 옛날부터 한복이 유명해서 / **한복 파는 데가 많거든요**.
>
> - It sounds more natural to say 한복 사 가고 그러더라구요 and 한복 파는 데가 많거든요 without pausing.
> - Like the 구 in 그러더라구요, 구 is used more often in place of 고 in colloquial speech.
> - When 거든 indicates reason, like in 많거든요, the intonation is slightly lowered.
> - In the case of 많거든요, it is generally pronounced [만커든뇨] by adding a ㄴ sound in front of 요 instead of pronouncing it [만커드뇨].

(3) 근데 광장시장하면 / 음식이 제일 유명해요. 빈대떡하고 마약 **김밥**, 육회가 **유명한데요**. 입구 쪽에 유명한 빈대떡 집이 있어요. 아마 주말에는 줄 서서 먹어야 **될걸요**. 고소한 빈대떡 냄새가 나서 / 시장 들어가면 안 먹을 수가 없어요.

- The correct pronunciation of kimbab is [김ː밥] or [김빱], but many people pronounce it [김빱].
- When a sentence ends with -(으)ㄴ/는데, like in 유명한데요, it means the speaker has not finished talking yet, so the intonation is slightly raised at the end.
- When -(으)ㄹ걸 implies speculation, like in 될걸요, the intonation is slightly raised.
- Generally, in the case of 될걸요, a ㄴ sound is added in front of 요 instead of pronouncing it [될꺼료]. The added ㄴ becomes a ㄹ due to the influence of the final consonant ㄹ in 걸, making the pronunciation [될껄료].

(4) 마약김밥이란 것도 유명한데 / 이름이 좀 신기하죠? 자꾸 먹고 싶어진다고 마약김밥인데 / 김밥 찍어 먹으라고 겨자 소스를 **주거든요**. 그 소스가 되게 맛있어요. 그리고 육회 좋아하면 / 육회 맛집도 많으니까 한번 가 보세요.

- When -거든 sets the stage for another story to follow, like in 주거든요, the intonation is slightly raised.

4. Take note of the pronunciation, pauses, and speed while reading the following.

> 　서울에서 가 볼 만한 곳으로 저는 광장시장을 추천하고 싶은데요. 유명한 관광지도 좋지만 시장 구경하는 거 재미있잖아요. 광장시장은 종로 5가에 있는데 안에 들어가면 물건도 많이 있고요, 꽤 커요.
> 　요즘은 외국인들도 많던데 거기서 한복 사 가고 그러더라구요. 거기가 옛날부터 한복이 유명해서 한복 파는 데가 많거든요. 근데 광장시장하면 음식이 제일 유명해요. 빈대떡하고 마약김밥, 육회가 유명한데요. 입구 쪽에 유명한 빈대떡 집이 있어요. 아마 주말에는 줄 서서 먹어야 될걸요. 고소한 빈대떡 냄새가 나서 시장 들어가면 안 먹을 수가 없어요. 마약김밥이란 것도 유명한데 이름이 좀 신기하죠? 자꾸 먹고 싶어진다고 마약김밥인데 김밥 찍어 먹으라고 겨자 소스를 주거든요. 그 소스가 되게 맛있어요. 그리고 육회 좋아하면 육회 맛집도 많으니까 한번 가 보세요.

Estimated reading time : 1 minute 18 seconds

Record how long it took for you to read!

First Reading	minute(s)	second(s)
Second Reading	minute(s)	second(s)
Third Reading	minute(s)	second(s)

Colloquial Speech

8 인터뷰 3 회사 면접
Interview 3 Job Interview

1. Listen to the following, paying attention to the underlined words.

면접관 윤지원 씨는 전공이 법학이고 은행에서 일한 경력이 있으
　　　　　　　　　　　　[버파기고]　　　　　　　　[경녀기]
　　　시네요.

윤지원 네, 저는 신라대학교에서 법학을 전공했고 졸업 후에는
　　　　　　　[실라]　　　　　　　　　　[전공핻꼬]　[조러푸에는]
　　　세화은행 법무팀에서 6년 동안 일을 했습니다.
　　　　　　　[범무티메서] [융년똥안]

면접관 오래 일하셨네요. 그러면 오랫동안 직장 생활하면서 자기
[일하션네요/이라션네요]　　　　　　　[직짱]

가 부족하다고 느낀 점은 뭔지 그리고 우리 회사에 들어
[부조카다고]

온다면 어떤 자세로 일하고 싶은지 말씀해 보십시오.
[말씀해/말쓰매]

윤지원 저는 지난 직장에서 입사 초부터 업무 능력을 인정받아서
[입싸]　　[엄무][능녀글]

좋은 평가를 받았습니다. 그래서 제 능력이면 안 되는 게
[조은] [평까]

없다고 생각했고 항상 저만 최고라고 믿었습니다. 그러다

보니깐 동료들과 일할 때 제 의견이 더 좋다고 생각한 적
[동뇨]　　　　　　　　　　　[조타고]

이 많았던 것 같습니다. 그런데 여러 명이 같이 일하다 보
[마낟떤]　　　　　　　　　　　[가치]

니 회사 일은 혼자 할 수 있는 게 아니고 다른 사람 의견에

귀 기울이는 것이 무엇보다 중요하다는 걸 알게 됐습니

다. 앞으로 이 회사에서 일하게 된다면 함께 일하는 동료

들과 협력해서 조화를 이루도록 노력하겠습니다.
[혐녀캐서]　　　　　　[노려카겐씀니다/노려카게씀니다]

2. Practice the following pronunciations. Listen carefully and repeat.

Aspirated Consonants p.62	법학이고 [버파기고] 졸업 후에는 [조러푸에는] 부족하다고 [부조카다고] 좋다고 [조타고] 협력해서 [혐녀캐서] 노력하겠습니다 [노려카겐씀니다]
Elimination of ㅎ Pronunciation p.70	좋은 [조은] 많았던 [마낟떤]
Fortis Articulation p.76	전공했고 [전공핻꼬] 6년 동안 [융년똥안] 직장 [직짱] 입사 [입싸] 평가 [평까] 많았던 [마낟떤] 노력하겠습니다 [노려카겐씀니다]
Palatalization p.86	같이 [가치]
Nasalization ① p.92	법무팀에서 [범무티메서] 6년 동안 [융년똥안] 일하셨네요 [일하션네요] 업무 [엄무] 노력하겠습니다 [노려카겐씀니다]
Nasalization ② p.100	경력이 [경녀기] 능력을 [능녀글] 동료 [동뇨]
Nasalization ③ p.106	협력해서 [혐녀캐서]
Liquidization p.112	신라 [실라]

3. Repeat after the recording and make pauses carefully with the mark /.

(1)
면접관 윤지원 씨는 / 전공이 법학이고 / 은행에서 일한 경력이 있으시네요

윤지원 네, 저는 신라대학교에서 법학을 전공했고 / 졸업 후에는 세화은행 법무팀에서 **6년 동안** 일했습니다.

- It sounds more natural to say 6년 동안 without pausing.

(2)
면접관 오래 일하셨네요. 그러면 오랫동안 직장 **생활하면서** / 자기가 부족하다고 느낀 점은 **뭔지** / 그리고 우리 회사에 **들어온다면** / 어떤 자세로 일하고 싶은지 말씀해 보십시오.

- When a sentence is long, a pause is made after the connective suffix. Therefore, it sounds more natural to make a pause after 생활하면서, 뭔지, and 들어온다면.

(3)
윤지원 저는 지난 직장에서 / 입사 초부터 업무 능력을 인정받아서 / 좋은 평가를 받았습니다. 그래서 제 능력이면 **안 되는 게 없다고** 생각했고 / 항상 저만 최고라고 믿었습니다.

- 안 되는 게 없다고 must be spoken without pause to convey the meaning well.

(4)

윤지원　**그러다 보니깐** 동료들과 일할 때　／　제 의견이 더 좋다고 생각한 적이 **많았던 것** 같습니다.

- In many cases, a ㄴ sound is added to 그러다 보니까 like in 그러다 보니깐 in colloquial speech.
- It is more natural to say 많았던 것 without pausing.

(5)

윤지원　그런데 여러 명이 같이 **일하다 보니**　／　회사 일은 혼자 할 수 있는 게 **아니고**　／　다른 사람 의견에 귀 기울이는 것이　／　무엇보다 **중요하다는 걸** 알게 됐습니다.

- When a sentence is long, a pause is made after the connective suffix. Therefore, it sounds more natural to make a pause after 일하다 보니 and 아니고.
- In many cases, 것을 is shortened to 걸, like in 중요하다는 걸 in colloquial speech. It sounds more natural to say 중요하다는 걸 without pausing.

(6)

윤지원　앞으로 이 회사에서 일하게 **된다면**　／　함께 일하는 동료들과 **협력해서**　／　조화를 이루도록 노력하겠습니다.

- When a sentence is long, a pause is made after the connective suffix. Therefore, it sounds more natural to make a pause after 된다면 and 협력해서.

4. Take note of the pronunciation, pauses, and speed while reading the following.

면접관 　윤지원 씨는 전공이 법학이고 은행에서 일한 경력이 있으시네요.

윤지원 　네, 저는 신라대학교에서 법학을 전공했고 졸업 후에는 세화은행 법무 팀에서 6년 동안 일을 했습니다.

면접관 　오래 일하셨네요. 그러면 오랫동안 직장 생활하면서 자기가 부족하다고 느낀 점은 뭔지 그리고 우리 회사에 들어온다면 어떤 자세로 일하고 싶은지 말씀해 보십시오.

윤지원 　저는 지난 직장에서 입사 초부터 업무 능력을 인정받아서 좋은 평가를 받았습니다. 그래서 제 능력이면 안되는 게 없다고 생각했고 항상 저만 최고라고 믿었습니다. 그러다 보니깐 동료들과 일할 때 제 의견이 더 좋다고 생각한 적이 많았던 것 같습니다. 그런데 여러 명이 같이 일하다 보니 회사 일은 혼자 할 수 있는 게 아니고 다른 사람 의견에 귀 기울이는 것이 무엇보다 중요하다는 걸 알게 됐습니다. 앞으로 이 회사에서 일하게 된다면 함께 일하는 동료들과 협력해서 조화를 이루도록 노력하겠습니다.

Estimated reading time : 1 minute 17 seconds

Record how long it took for you to read!

First Reading	minute(s)	second(s)
Second Reading	minute(s)	second(s)
Third Reading	minute(s)	second(s)

Colloquial Speech

❾ 일기 예보 Weather Forecast

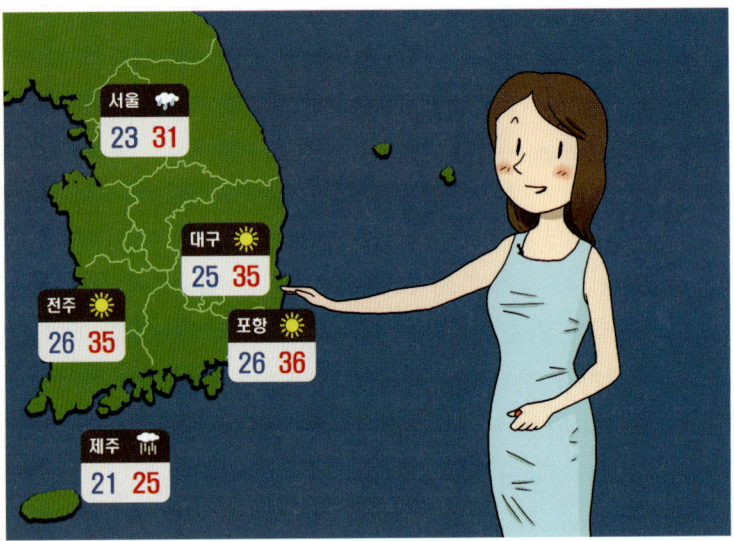

1. Listen to the following, paying attention to the underlined words.

Track 125

열대야 현상으로 잠을 못 이룬 분들 많으시지요? 밤낮으로
[열때야]   [몬니룬]   [마느시지요]

더위가 식을 줄 모르고 있습니다. 열흘 넘게 찌는 듯한 더위가
         [시글쭐]   [열흘럼께/여를럼께] [찌는드탄]

계속되고 있는데요. 오늘도 포항의 낮 기온이 36도, 전주와 대구
[계속뙤고] [인는데요]   [낟끼오니] [삼심뉴또]

도 35도까지 오르는 등 무척 덥겠습니다. 서울은 31도로 어제와
                                            [삼시빌또]

비슷하겠습니다.
[비스타겐씀니다/비스타게씀니다]

현재 제주도에 호우주의보가 내려진 가운데 시간당 30㎜
　　　　　　　[호우주이보]　　　　　　　　　　　　[삼심밀리미터]
안팎의 강한 비가 오고 있는데요. 비 피해 없도록 철저히 대비하
[안파께]　　　　　　　　　　　　　　[업또록] [철쩌히]
셔야겠습니다. 서울은 오전에는 맑다가 낮 한때 소나기가 쏟아질
　　　　　　　　　　　　　　[막따가] [나탄때]　　　　[쏘다질꺼스로]
것으로 전망됩니다.

　　당분간 전국이 대체로 맑은 가운데 무더운 날씨가 이어지겠고

요. 더위는 주말쯤 절정에 이르겠습니다. 토요일에 서울을 비롯
　　　　　　　　[절쩡]

한 수도권 지역의 기온이 34도까지 오를 것으로 예상됩니다. 지
　　[수도꿘]

금까지 날씨였습니다.

2. Practice the following pronunciations. Listen carefully and repeat.

Aspirated Consonants p.62	찌는 듯한 [찌는드탄] 비슷하겠습니다 [비스타겓씀니다] 낮 한때 [나탄때]
Elimination of ㅎ Pronunciation p.70	많으시지요 [마느시지요]
Fortis Articulation p.76	열대야 [열때야] 식을 줄 [시글쭐] 열흘 넘게 [열흘럼께] 계속되고 [계속뙤고] 낮 기온이 [낟끼오니] 36도 [삼심뉵또] 31도 [삼시빌또] 없도록 [업또록] 철저히 [철쩌히] 맑다가 [막따가] 쏟아질 것으로 [쏘다질꺼스로] 절정 [절쩡] 수도권 [수도꿘]
Nasalization ① p.100	있는데요 [인는데요] 비슷하겠습니다 [비스타겐씀니다] 30mm [삼심밀리미터]
Liquidization p.112	열흘 넘게 [열흘럼께]
Addition of ㄴ p.120	못 이룬 [몬니룬] 36도 [삼심뉵또]

3. Repeat after the recording and make pauses carefully with the mark /.

(1)
> 열대야 현상으로 / 잠을 **못 이룬** 분들 **많으시지요**? 밤낮으로 / 더위가 식을 줄 모르고 있습니다.
>
> - In the case of 못 이룬, if a pause is made between 못 and 이룬, it becomes [모디룬]. It sounds more natural and fluent to pronounce it without pausing as [몬니룬].
> - When the −지요 in 많으시지요? indicates confirmation, the intonation is slightly lowered than when you are asking a question. It sounds awkward to raise the intonation as you would with a question.

(2)
> 열흘 넘게 / 찌는 듯한 더위가 계속되고 **있는데요**. 오늘도 포항의 낮 기온이 36도, 전주와 대구도 35도까지 오르는 등 / 무척 덥겠습니다. 서울은 31도로 어제와 비슷하겠습니다.
>
> - When a sentence ends with −(으)ㄴ/는데, like in 있는데요, it means the speaker has not finished telling yet, so the intonation is slightly raised.

(3)
> 현재 제주도에 호우주의보가 내려진 가운데 / 시간당 **30mm** 안팎의 강한 비가 오고 있는데요. **비 피해** 없도록 / 철저히 대비하셔야겠습니다. 서울은 오전에는 맑다가 / 낮 한때 소나기가 쏟아질 것으로 전망됩니다.
>
> - The pronunciation of mm in 30mm is [밀리미터] or [밀리], but some pronounce it [미리미터] or [미리] in colloquial speech.
> - It sounds more natural to say 비 피해 without pausing.

(4) 당분간 전국이 대체로 맑은 가운데 / 무더운 날씨가 **이어지겠고요**. 더위는 주말쯤 / 절정에 이르겠습니다. 토요일에 서울을 비롯한 수도권 지역의 기온이 / 34도까지 오를 것으로 예상됩니다. 지금까지 날씨였습니다.

- For 이어지겠고요, the intonation is slightly raised to indicate that the speaker has not finished talking yet and that more information will follow.

4. Take note of the pronunciation, pauses, and speed while reading the following.

> 열대야 현상으로 잠을 못 이룬 분들 많으시지요? 밤낮으로 더위가 식을 줄 모르고 있습니다. 열흘 넘게 찌는 듯한 더위가 계속되고 있는데요. 오늘도 포항의 낮 기온이 36도, 전주와 대구도 35도까지 오르는 등 무척 덥겠습니다. 서울은 31도로 어제와 비슷하겠습니다.
>
> 현재 제주도에 호우주의보가 내려진 가운데 시간당 30mm 안팎의 강한 비가 오고 있는데요. 비 피해 없도록 철저히 대비하셔야겠습니다. 서울은 오전에는 맑다가 낮 한때 소나기가 쏟아질 것으로 전망됩니다.
>
> 당분간 전국이 대체로 맑은 가운데 무더운 날씨가 이어지겠고요. 더위는 주말쯤 절정에 이르겠습니다. 토요일에 서울을 비롯한 수도권 지역의 기온이 34도까지 오를 것으로 예상됩니다. 지금까지 날씨였습니다.

Estimated reading time : 1 minute 4 seconds

 Record how long it took for you to read!

First Reading	minute(s)	second(s)
Second Reading	minute(s)	second(s)
Third Reading	minute(s)	second(s)

Colloquial Speech

❿ 상담 Counseling

1. Listen to the following, paying attention to the underlined words.

Track 128

이번 순서는 여러분의 고민을 풀어 보는 고민 상담 시간입니다. 오늘도 <u>다양한</u> 고민들이 올라와 <u>있는데요</u>. 먼저 <u>첫 번째</u> 사연
　　　　　　　　　[다양한/다양안]　　　　　　　　　[인는데요]　　　　　[천뻔째]
을 만나 <u>보겠습니다</u>.
　　　　[보겐씀니다/보게씀니다]

<u>안녕하세요</u>. 저는 <u>6년</u> 사귄 여자 친구 때문에 고민인 20대 청
[안녕하세요/안녕아세요]　[융년]
년입니다. 무슨 고민이냐고요? 바로 운동입니다. 제 여자 친구

❿ Counseling　191

는   1년 365일 운동을 안 하는 날이 없을 정도로 운동에 푹 빠져
　[일련] [삼뱅뉴씨보일]

있습니다. 적당한 운동은 건강에도 좋은데 무슨 고민이냐 하겠지
　　　　[적땅한/적땅안]　　　　　　[조은데]

만 이 친구는 자기 몸을 돌보지도 않고 운동만 합니다. 어느 정도
　　　　　　　　　　　　　　[안코]

냐면요. 너무 심하게 운동을 해서 무릎 통증이 심한데도 운동으
　　　　　　　　　　　　　　[통쯩] [심한데도/시만데도]

로 풀어야 한다며 다시 운동하다가 한 달 동안 걷지도 못했어요.
　　　　　　　　　　　　　[한달똥안]　[걷찌도]　[모태써요]

그렇다고 이 친구가 살을 빼야 할 정도의 몸이라든가 그런 건 아
[그러타고]

니에요. 제가 왜 그렇게 운동을 하냐고 물어본 적이 있었거든요.
　　　　　　　[그러케]

그랬더니 자기는 그렇게 운동으로 만든 탄탄한 근육을 사랑한다고
[그랟떠니]　　　　　　　　　　[탄탄한/탄타난] [사랑한다고/사랑안다고]

하더라고요. 아무리 그래도 남자 친구보다 근육을 만드는 게 더

좋을까요? 이러니 데이트를 해도 맛있는 음식은 먹으러 갈 수도
[조을까요]　　　　　　　　　　　　　　　　　[갈쑤도]

없습니다. 몸매 유지를 위해 매일 저녁은 닭 가슴살 100g, 고구마

반 개가 전부거든요. 바빠서 운동을 못한 날은 밤에라도 해야 해

서 데이트 약속을 취소한 적도 한두 번이 아닙니다. 여자 친구의
　　　　[약쏘글]

못 말리는 운동 사랑을 어떻게 해야 할까요? 고민 좀 해결해 주세요.
[몬말리는]　　　　　　　　　　　　　　　　　　[해결해/해겨래]

2. Practice the following pronunciations. Listen carefully and repeat.

Track 129

Aspirated Consonants p.62	않고 [안코] 못했어요 [모태써요] 그렇다고 [그러타고] 그렇게 [그러케]
Elimination of ㅎ Pronunciation p.70	좋은데 [조은데] 좋을까요 [조을까요]
Fortis Articulation p.76	첫 번째 [첟뻔째] 보겠습니다 [보겓씀니다] 365일 [삼뱅뉵씨보일] 적당한 [적땅한] 통증 [통쯩] 한 달 동안 [한달똥안] 걷지도 [걷찌도] 그랬더니 [그랟떠니] 갈 수도 [갈쑤도] 약속을 [약쏘글]
Nasalization ① p.92	있는데요 [인는데요] 보겠습니다 [보겓씀니다] 6년 [융년] 못 말리는 [몬말리는]
Liquidization p.112	1년 [일련]
Addition of ㄴ p.120	365일 [삼뱅뉵씨보일]

3. Repeat after the recording and make pauses carefully with the mark /.

(1)
이번 순서는 / 여러분의 고민을 풀어보는 고민 상담 시간입니다. 오늘도 다양한 고민들이 올라와 **있는데요**. 먼저 / 첫 번째 사연을 만나 보겠습니다.

- When a sentence ends with –(으)ㄴ/는데 like in 있는데요, it means the speaker has not finished speaking yet, so the intonation is slightly raised.

(2)
안녕하세요. 저는 6년 사귄 여자 친구 때문에 고민인 / 20대 청년입니다. 무슨 고민이냐고요? 바로 운동입니다. 제 여자 친구는 / **1년 365일** 운동을 안 하는 날이 없을 정도로 / 운동에 푹 빠져 있습니다. 적당한 운동은 건강에도 좋은데 무슨 고민이냐 하겠지만 / 이 친구는 자기 몸을 돌보지도 않고 운동만 합니다.

- It sounds more natural to say 1년 365일 without pausing.

(3)
어느 정도냐면요. / 너무 심하게 운동을 해서 무릎 통증이 심한데도 / 운동으로 풀어야 한다며 다시 운동하다가 / 한 달 동안 걷지도 못했어요.

- The intonation is slightly raised for 정도냐면요 in 어느 정도냐면요.

(4)

그렇다고 이 친구가 / 살을 빼야 할 정도의 몸이라든가 그런 건 아니에요. 제가 왜 그렇게 운동을 하냐고 물어본 적이 <mark>있었거든요</mark>. 그랬더니 자기는 그렇게 <mark>운동으로 만든</mark> / <mark>탄탄한 근육을</mark> 사랑한다고 하더라고요.

- When −거든 sets the stage for another story to follow, like in 있었거든요, the intonation is slightly raised.
- Generally, in the case of 있었거든요, a ㄴ sound is added in front of 요, making the pronunciation [이썯꺼든뇨] instead of pronouncing it as [이썯꺼드뇨].
- 운동으로 만든 modifies 탄탄한 근육을, which follows it. The meaning is conveyed well when 운동으로 만든 and 탄탄한 근육을 are spoken without pausing.

(5)

아무리 그래도 / 남자 친구보다 근육을 만드는 게 더 좋을까요? 이러니 데이트를 해도 / 맛있는 음식은 먹으러 갈 수도 없습니다. 몸매 유지를 위해 매일 저녁은 / 닭 가슴살 <mark>100g</mark>, 고구마 반 개가 <mark>전부거든요</mark>. 바빠서 운동을 못한 날은 밤에라도 해야 해서 / 데이트 약속을 취소한 적도 한두 번이 아닙니다. 여자 친구의 못 말리는 운동 사랑을 / 어떻게 해야 할까요? 고민 좀 해결해 주세요.

- The correct pronunciation of g in 100g is [그램], but many people pronounce it as [그람].
- When −거든 indicates reason like in 전부거든요, the intonation is slightly lowered.
- Generally, in the case of 전부거든요, a ㄴ sound is added in front of 요, making the pronunciation [전부거든뇨] instead of [전부거드뇨].

4. Take note of the pronunciation, pauses, and speed while reading the following.

> 이번 순서는 여러분의 고민을 풀어 보는 고민 상담 시간입니다. 오늘도 다양한 고민들이 올라와 있는데요. 먼저 첫 번째 사연을 만나 보겠습니다.
>
> 안녕하세요. 저는 6년 사귄 여자 친구 때문에 고민인 20대 청년입니다. 무슨 고민이냐고요? 바로 운동입니다. 제 여자 친구는 1년 365일 운동을 안 하는 날이 없을 정도로 운동에 푹 빠져 있습니다. 적당한 운동은 건강에도 좋은데 무슨 고민이냐 하겠지만 이 친구는 자기 몸을 돌보지도 않고 운동만 합니다. 어느 정도냐면요. 너무 심하게 운동을 해서 무릎 통증이 심한데도 운동으로 풀어야 한다며 다시 운동하다가 한 달 동안 걷지도 못했어요. 그렇다고 이 친구가 살을 빼야 할 정도의 몸이라든가 그런 건 아니에요. 제가 왜 그렇게 운동을 하냐고 물어본 적이 있었거든요. 그랬더니 자기는 그렇게 운동으로 만든 탄탄한 근육을 사랑한다고 하더라고요. 아무리 그래도 남자 친구보다 근육을 만드는 게 더 좋을까요? 이러니 데이트를 해도 맛있는 음식은 먹으러 갈 수도 없습니다. 몸매 유지를 위해 매일 저녁은 닭 가슴살 100g, 고구마 반 개가 전부거든요. 바빠서 운동을 못한 날은 밤에라도 해야 해서 데이트 약속을 취소한 적도 한두 번이 아닙니다. 여자 친구의 못 말리는 운동 사랑을 어떻게 해야 할까요? 고민 좀 해결해 주세요.

Estimated reading time : 1 minute 45 seconds

 Record how long it took for you to read!

First Reading	minute(s)	second(s)
Second Reading	minute(s)	second(s)
Third Reading	minute(s)	second(s)

⓫ 커피 Coffee

1. Listen to the following, paying attention to the underlined words.

Track 131

한국인 성인 한 명이 1년에 마시는 커피는 350㎖ 기준으로 500잔
　　　　　　[일련]　　　　　　　　　　　　　　　　[오백짠]
이 넘는다는 통계가 있다. 이러한 통계를 증명해 주듯이 거리에
　　　　　　　　　　　　　　　　　　[증명해주드시/증명애주드시]
는 온갖 커피 전문점이 넘쳐난다.

　그렇다면 한국에서는 언제부터 커피를 마시기 시작했을까?
　[그러타면]　　　　　　　　　　　　　　　　　　[시자캐쓸까]
1896년에 고종 황제가 한국인 중에서 최초로 커피를 마셨다고 한
[천팔백구십육년에]　　　　　　　　　　　　　　　[마셛따고]

다. 당시에 커피는 양반과 귀족들만 즐길 수 있는 것이었는데 한
　　　　　　　　　　　[귀족뜰]　　　　[즐길쑤인는]

국 전쟁 이후 미군에 의해 인스턴트커피가 전해지면서 일반 대중
　　　　　　　　　　　　　　　　　　　　[전해지면서/저내지면서]

들에게 본격적으로 보급되었다. 그 후로 꾸준한 사랑을 받아 온
　　　　[본격쩌그로]　　　　　　　　　　　[꾸준한/꾸주난]

인스턴트커피는 국내의 한 커피 회사에서 만든 스틱 모양의 인스
　　　　　　　　[궁내에]　　　　　　　　　　　　[스팅모양에]

턴트커피가 나오면서 언제 어디서나 간편하게 마실 수 있어 크게
　　　　　　　　　　　　　　　　　[간편하게/간펴나게]

인기를 얻었다.

　　　인스턴트커피뿐만 아니라 원두커피도 한국 사람들에게

사랑받고 있는데 한국에도 커피 원두를 재배하는 곳이 있다. 바
[사랑받꼬]

로 강릉이다. 강릉에는 커피 박물관이 있고 매년 10월에는 커피
　　　　　　　[강능]　　　　　[방물관]

축제도 열린다. 강릉의 안목 해변은 커피 거리로 유명한데 특색
　　　　　　　　　　[안모캐변]　　　　　　[유명한데/유명안데] [특쌕]

있는 커피 전문점에서 동해 바다를 바라보며 원두 볶는 냄새와 함
　　　　　　　　　　[동해/동애]　　　　　　　　[봉는]

께 다양한 커피 맛을 즐길 수 있다.
　　[다양한/다양안]

2. Practice the following pronunciations. Listen carefully and repeat.

Aspirated Consonants p.62	그렇다면 [그러타면] 시작했을까 [시자캐쓸까] 안목해변 [안모캐변]
Fortis Articulation p.76	500잔 [오백짠] 마셨다고 [마션따고] 귀족들 [귀족뜰] 즐길 수 있는 [즐길쑤인는] 본격적으로 [본격쩌그로] 사랑받고 [사랑받꼬] 특색 [특쌕]
Nasalization ① p.92	1896년에 [천팔백구심늉녀네] 즐길 수 있는 [즐길쑤인는] 국내의 [궁내에] 스틱 모양의 [스팅모양에] 박물관 [방물관] 볶는 [봉는]
Nasalization ② p.100	강릉 [강능]
Liquidization p.112	1년 [일련]
Addition of ㄴ p.120	1896년에 [천팔백구심늉녀네]

3. Repeat after the recording and make pauses carefully with the mark /.

(1)
한국인 성인 한 명이 1년에 마시는 커피는 / 350㎖ 기준으로 500잔이 넘는다는 통계가 있다. 이러한 통계를 증명해 주듯이 / 거리에는 온갖 커피 전문점이 넘쳐난다.

- 한국인 성인 한 명이 1년에 마시는 modifies the subject 커피, so the phrase must be spoken without pausing. A pause is made after the subject.
- The correct pronunciation of ㎖ in 350㎖ is [밀리리터], but many people pronounce it as [미리리터].

(2)
그렇다면 한국에서는 / 언제부터 커피를 마시기 시작했을까? 1896년에 고종 황제가 / 한국인 중에서 최초로 커피를 **마셨다고 한다**.

- For expressions that indicate citation, like 마셨다고 한다, there is spacing between the words, but the meaning is conveyed well when it is spoken without pausing.

(3)
당시에 **커피는** / 양반과 귀족들만 즐길 수 있는 **것이었는데** / 한국 전쟁 이후 미군에 의해 인스턴트커피가 **전해지면서** / 일반 대중들에게 본격적으로 보급되었다.

- This is a long sentence offering explanation for coffee, so a pause is made after the subject 커피는.
- When a sentence is long, a pause is made after the connective suffix. Therefore, it sounds more natural to make a pause after 것이었는데, 전해지면서.

(4) 그 후로 **꾸준한 사랑을 받아 온 인스턴트커피는** / **국내의 한 커피 회사에서 만든** / **스틱 모양의 인스턴트커피가** 나오면서 / 언제 어디서나 간편하게 마실 수 있어 크게 인기를 얻었다.

- **꾸준한 사랑을 받아 온** modifies the subject **인스턴트커피는**, so the phrase must be spoken without pausing. A pause is made after the subject.
- **국내의 한 커피 회사에서 만든** modifies **스틱 모양의 인스턴트커피가**, that follows it. The meaning is conveyed well when **국내의 한 커피 회사에서 만든** and **스틱 모양의 인스턴트커피가** are spoken without pausing.

(5) 인스턴트커피뿐만 아니라 원두커피도 / 한국 사람들에게 **사랑받고** 있는데 / 한국에도 커피 원두를 재배하는 곳이 있다. 바로 강릉이다.

- When a postpositional particle is omitted, like in **사랑받고**, it sounds more natural to say the phrase without pausing.

(6) 강릉에는 커피 박물관이 있고 / 매년 10월에는 커피 축제도 열린다. 강릉의 안목 해변은 커피 거리로 **유명한데** / 특색 있는 커피 전문점에서 동해 바다를 **바라보며** / 원두 볶는 냄새와 함께 다양한 커피 맛을 즐길 수 있다.

- When a sentence is long, a pause is made after the connective suffix. Therefore, it sounds more natural to make a pause after **유명한데** and **바라보며**.

4. Take note of the pronunciation, pauses, and speed while reading the following.

한국인 성인 한 명이 1년에 마시는 커피는 350㎖ 기준으로 500잔이 넘는다는 통계가 있다. 이러한 통계를 증명해 주듯이 거리에는 온갖 커피 전문점이 넘쳐난다.

그렇다면 한국에서는 언제부터 커피를 마시기 시작했을까? 1896년에 고종 황제가 한국인 중에서 최초로 커피를 마셨다고 한다. 당시에 커피는 양반과 귀족들만 즐길 수 있는 것이었는데 한국 전쟁 이후 미군에 의해 인스턴트커피가 전해지면서 일반 대중들에게 본격적으로 보급되었다. 그 후로 꾸준한 사랑을 받아 온 인스턴트커피는 국내의 한 커피 회사에서 만든 스틱 모양의 인스턴트커피가 나오면서 언제 어디서나 간편하게 마실 수 있어 크게 인기를 얻었다.

인스턴트커피뿐만 아니라 원두커피도 한국 사람들에게 사랑받고 있는데 한국에도 커피 원두를 재배하는 곳이 있다. 바로 강릉이다. 강릉에는 커피 박물관이 있고 매년 10월에는 커피 축제도 열린다. 강릉의 안목 해변은 커피 거리로 유명한데 특색 있는 커피 전문점에서 동해 바다를 바라보며 원두 볶는 냄새와 함께 다양한 커피 맛을 즐길 수 있다.

Estimated reading time : 1 minute 32 seconds

 Record how long it took for you to read!

First Reading	minute(s)	second(s)
Second Reading	minute(s)	second(s)
Third Reading	minute(s)	second(s)

⑫ 한국 드라마 Korean Drama

1. Listen to the following, paying attention to the underlined words.

Track 134

한국 드라마에 자주 나오는 <u>몇 가지</u> 이야기가 있다. 부자 남자
[멷까지]

와 <u>가난한</u> 여자의 사랑, <u>삼각관계</u>, 교통사고, 기억 <u>상실증</u>, <u>불치병</u>,
[가난한/가나난]   [삼각꽌계]   [상실쯩] [불치뼝]

출생의 비밀은 여러 드라마에서 쉽게 볼 수 있다. 이에 대해 사랑
[출쌩에]   [쉽께] [볼쑤] [읻따]

이야기가 싫지는 않지만 드라마의 장르와 배경이 달라져도 연애
         [실치는] [안치만]

이야기가 차지하는 비중이 높기 때문에 드라마의 내용이 비슷하다
                        [놉끼]   [비스타다]

는 불만도 있다.

　　　외국인들에게는 한국 드라마가 어떻게 느껴질까? 라면을 먹
                              [어떠케]

을 때 그릇에 담지 않고 냄비 뚜껑에 덜어먹는 장면, 큰 그릇에 밥
            [담찌][안코]   [멍는]

을 넣고 비벼 먹는 장면, 숟가락을 술병에 꽂아 마이크처럼 쓰는
   [너코]   [숟까라글] [술뼝]

장면은 외국인의 눈에 재미있고 신기하다고 한다. 그리고 주인공

이 피곤해서 코피를 흘리는 장면은 외국인에게는 그 의미가 전달
[피곤해서/피고내서]

되지 않아서 이상하게 보인다고 한다. 그 밖에 거의 모든 드라마
    [아나서]

에 주인공의 부모님이 등장하고 따뜻한 가족 사랑을 보여 주는 이
                          [따뜨탄]

야기가 많다는 점 등을 한국 드라마의 특징으로 꼽는 외국인이
      [만타]   [특찡]   [꼼는]

많다.

2. Practice the following pronunciations. Listen carefully and repeat.

Aspirated Consonants p.62	싫지는 [실치는] 비슷하다 [비스타다] 않고 [안코] 따뜻한 [따뜨탄]	않지만 [안치만] 어떻게 [어떠케] 넣고 [너코] 많다 [만타]
Elimination of ㅎ Pronunciation p.70	않아서 [아나서]	
Fortis Articulation p.76	몇 가지 [멷까지] 상실증 [상실쯩] 출생의 [출쌩에] 볼 수 있다 [볼쑤읻따] 담지 [담찌] 술병 [술뼝]	삼각관계 [삼각꽌계] 불치병 [불치뼝] 쉽게 [쉽께] 높기 [놉끼] 숟가락을 [숟까라글] 특징 [특찡]
Nasalization ① p.92	먹는 [멍는]	꼽는 [꼼는]

3. Repeat after the recording and make pauses carefully with the mark /.

(1)

> <mark>한국 드라마에 자주 나오는 몇 가지 이야기가</mark> 있다. 부자 남자와 가난한 여자의 사랑, 삼각관계, 교통사고, 기억 상실증, 불치병, <mark>출생의 비밀은</mark> / 여러 드라마에서 쉽게 볼 수 있다.
>
> - 한국 드라마에 자주 나오는 modifies 몇 가지 이야기가. The meaning is conveyed well when 한국 드라마에 자주 나오는 and 몇 가지 이야기가 are spoken without pausing.
> - The subject of the sentence is from 부자 남자와 가난한 여자의 사랑 to 출생의 비밀은, so a pause is made after 출생의 비밀은.

(2) 이에 대해 / 사랑 이야기가 싫지는 **않지만** / 드라마의 장르와 배경이 **달라져도** / 연애 이야기가 차지하는 비중이 **높기 때문에** / 드라마의 내용이 비슷하다는 불만도 있다.

> • When a sentence is long, a pause is made after the connective suffix. Therefore, it sounds more natural to make a pause after 않지만, 달라져도, and 높기 때문에.

(3) 외국인들에게는 / 한국 드라마가 어떻게 느껴질까? 라면을 **먹을 때** / 그릇에 **담지 않고** 냄비 뚜껑에 **덜어 먹는** 장면, 큰 그릇에 밥을 넣고 **비벼 먹는** 장면, 숟가락을 술병에 꽂아서 **마이크처럼 쓰는 장면은** / 외국인의 눈에 재미있고 신기하다고 한다.

> • There is spacing between the words 먹을 때, 담지 않고, 덜어 먹는, and 비벼 먹는, but it sounds more natural to say the phrases without pausing.
> • The subject of the sentence is the three scenes listed, so a pause is made after 마이크처럼 쓰는 장면은.

(4) 그리고 / 주인공이 피곤해서 코피를 흘리는 장면은 / 외국인에게는 그 의미가 전달되지 않아서 / 이상하게 보인다고 한다. 그 밖에 / 거의 모든 드라마에 주인공의 부모님이 등장하고 / 따뜻한 가족 사랑을 보여주는 이야기가 **많다는 점 등을** / 한국 드라마의 특징으로 꼽는 외국인이 많다.

> • The object of the sentence is from the beginning of the sentence to 많다는 점 등을. Since a verb does not immediately follow, a pause is made after the object.
> • There is spacing between the words 많다는 점, but it sounds more natural to say the phrase without pausing.

4. Take note of the pronunciation, pauses, and speed while reading the following.

　　한국 드라마에 자주 나오는 몇 가지 이야기가 있다. 부자 남자와 가난한 여자의 사랑, 삼각관계, 교통사고, 기억 상실증, 불치병, 출생의 비밀은 여러 드라마에서 쉽게 볼 수 있다. 이에 대해 사랑 이야기가 싫지는 않지만 드라마의 장르와 배경이 달라져도 연애 이야기가 차지하는 비중이 높기 때문에 드라마의 내용이 비슷하다는 불만도 있다.

　　외국인들에게는 한국 드라마가 어떻게 느껴질까? 라면을 먹을 때 그릇에 담지 않고 냄비 뚜껑에 덜어 먹는 장면, 큰 그릇에 밥을 넣고 비벼 먹는 장면, 숟가락을 술병에 꽂아 마이크처럼 쓰는 장면은 외국인의 눈에 재미있고 신기하다고 한다. 그리고 주인공이 피곤해서 코피를 흘리는 장면은 외국인에게는 그 의미가 전달되지 않아서 이상하게 보인다고 한다. 그 밖에 거의 모든 드라마에 주인공의 부모님이 등장하고 따뜻한 가족 사랑을 보여 주는 이야기가 많다는 점 등을 한국 드라마의 특징으로 꼽는 외국인이 많다.

Estimated reading time : 1 minute 15 seconds

 Record how long it took for you to read!

First Reading	minute(s)	second(s)
Second Reading	minute(s)	second(s)
Third Reading	minute(s)	second(s)

Written Korean

⑬ 포장마차 *Pojangmacha* (Cart Bar)

1. Listen to the following, paying attention to the underlined words.

Track 137

서울에서는 명동, 홍대, <u>종로</u>, <u>왕십리</u>, 용산 등 <u>곳곳에서</u> 포장
　　　　　　　　　　　[종노]　[왕심니]　　　　　[곧꼬세서]

마차를 볼 수 있습니다. 떡볶이, 순대, 튀김, 어묵 등 <u>분식류</u>를 파
　　　　　　　　　　　　　　　　　　　　　　　　[분싱뉴]

는 포장마차도 있고 <u>산낙지</u>, <u>닭발</u>, 곱창, 파전, <u>국수</u> 같은 다양한
　　　　　　　　　　[산낙찌]　[닥빨]　　　　　　[국쑤]

<u>종류</u>의 안주를 먹으며 술도 마실 수 있는 포장마차도 있습니다.
[종뉴]

포장마차는 한국 영화나 드라마 속에서 자주 볼 수 있는데

퇴근 후 동료들과 집에 갈 때 따뜻한 국물로 추위를 잊기도 하고
[퇴근후/퇴그누] [동뇨]　　　　　　　　　[궁물]

답답하거나 힘든 일이 있을 때 술잔을 기울이는 장소로 등장합
　　　　　　　　　　　　　　[술짜늘]

니다.

포장마차는 1950년대 이후에 생겨나 소주와 간단한 안주를
　　　　　　[천구배고심년대]

팔기 시작했습니다. 1988년 서울 올림픽이 열릴 때쯤 깨끗한 거
　　　　　　　[천구백팔씹팔련]　　　　　　　　　　[깨끄탄]

리 조성을 위해 많이 사라졌다가 90년대 말 경제가 좋지 않은 시
　　　　　　　　　[사라젇따가]　　　　　　　　[조치] [아는]

기에 다시 많아졌습니다. 요즘은 포차라는 이름의 실내 포장마차
　　　　　　　　　　　　　　　　　　　　　　　[실래]

가 많이 생겼는데 7-80년대 옛날 포장마차 분위기가 나도록 장
　　　　[생견는데]　　　　[옌날]

식을 하기도 하고 실내에 실제 포장마차를 가져다 놓은 곳도 있습
　　　　　　　　　　　[실쩨]　　　　　　　　　[노은]

니다.

2. Practice the following pronunciations. Listen carefully and repeat.

Aspirated Consonants p.62	답답하거나 [답따파거나] 깨끗한 [깨끄탄] 좋지 [조치]
Elimination of ㅎ Pronunciation p.70	않은 [아는] 놓은 [노은]
Fortis Articulation p.76	곳곳에서 [곧꼬세서] 산낙지 [산낙찌] 닭발 [닥빨] 국수 [국쑤] 답답하거나 [답따파거나] 술잔을 [술짜늘] 1988년 [천구백팔씹팔련] 사라졌다가 [사라젇따가] 실제 [실쩨]
Nasalization ① p.92	국물 [궁물] 1950년대 [천구배고심년대] 생겼는데 [생견는데] 옛날 [옌날]
Nasalization ② p.100	종로 [종노] 종류 [종뉴] 동료 [동뇨]
Nasalization ③ p.106	분식류 [분싱뉴] 왕십리 [왕심니]
Liquidization p.112	1988년 [천구백팔씹팔련] 실내 [실래]

3. Repeat after the recording and make pauses carefully with the mark /.

Track 139

(1)
> 서울에서는 **명동, 홍대, 종로, 왕십리, 용산 등** / 곳곳에서 포장마차를 볼 수 있습니다. 떡볶이, 순대, 튀김, 어묵 등 / 분식류를 파는 포장마차도 **있고** / 산낙지, 닭발, 곱창, 파전, 국수 같은 / 다양한 종류의 안주를 **먹으며** / 술도 마실 수 있는 포장마차도 있습니다.
>
> - When listing nouns like in 명동, 홍대, 종로, 왕십리, and 용산 등, it sounds more natural to make a pause after 등.
> - When a sentence is long, a pause is made after the connective suffix. Therefore, it sounds more natural to make a pause after 있고 and 먹으며.

(2)
> 포장마차는 / 한국 영화나 드라마 속에서 자주 **볼 수 있는데** / 퇴근 후 동료들과 집에 갈 때 따뜻한 국물로 추위를 잊기도 **하고** / 답답하거나 힘든 일이 **있을 때** / 술잔을 기울이는 장소로 등장합니다.
>
> - When a sentence is long, a pause is made after the connective suffix. Therefore, it sounds more natural to make a pause after 있는데, 하고, and 있을 때.
> - There is spacing between the words 볼 and 수, but it sounds more natural to say the phrases without pausing.

(3)
> 포장마차는 1950년대 이후에 생겨나 / 소주와 간단한 안주를 팔기 시작했습니다. 1988년 서울 올림픽이 열릴 때쯤 / 깨끗한 거리 조성을 위해 많이 사라졌다가 / 90년대 말 경제가 좋지 않은 시기에 / 다시 많아졌습니다. 요즘은 / **포차라는 이름의** 실내 포장마차가 많이 생겼는데 / **7-80년대** 옛날 포장마차 분위기가 나도록 장식을 하기도 하고 / 실내에 실제 포장마차를 가져다 놓은 곳도 있습니다.
>
> - It sounds more natural to say 포차라는 이름의 without pausing.
> - 7-80년대 is pronounced [칠팔씸년대].

⑬ *Pojangmacha* (Cart Bar)

4. Take note of the pronunciation, pauses, and speed while reading the following.

> 서울에서는 명동, 홍대, 종로, 왕십리, 용산 등 곳곳에서 포장마차를 볼 수 있습니다. 떡볶이, 순대, 튀김, 어묵 등 분식류를 파는 포장마차도 있고 산낙지, 닭발, 곱창, 파전, 국수 같은 다양한 종류의 안주를 먹으며 술도 마실 수 있는 포장마차도 있습니다.
>
> 포장마차는 한국 영화나 드라마 속에서 자주 볼 수 있는데 퇴근 후 동료들과 집에 갈 때 따뜻한 국물로 추위를 잊기도 하고 답답하거나 힘든 일이 있을 때 술잔을 기울이는 장소로 등장합니다.
>
> 포장마차는 1950년대 이후에 생겨나 소주와 간단한 안주를 팔기 시작했습니다. 1988년 서울 올림픽이 열릴 때쯤 깨끗한 거리 조성을 위해 많이 사라졌다가 90년대 말 경제가 좋지 않은 시기에 다시 많아졌습니다. 요즘은 포차라는 이름의 실내 포장마차가 많이 생겼는데 7-80년대 옛날 포장마차 분위기가 나도록 장식을 하기도 하고 실내에 실제 포장마차를 가져다 놓은 곳도 있습니다.

Estimated reading time : 1 minute 22 seconds

 Record how long it took for you to read!

First Reading	minute(s)	second(s)
Second Reading	minute(s)	second(s)
Third Reading	minute(s)	second(s)

⑭ 팥빙수 *Patbingsu*

1. Listen to the following, paying attention to the underlined words.

Track 140

한국인이 가장 좋아하는 여름 음식을 묻는 조사에서 빠지지
     [조아하는]   [문는]

않는 대답 중 하나가 팥빙수입니다. 이러한 팥빙수의 인기를
[안는]   [팓삥수]   [인끼]

뒷받침하듯이 여름이 되면 대부분의 커피 전문점에서 팥빙수를
[뒫빧침/뒤빧침]

팔기 시작합니다.
 [시자캄니다]

팥빙수는 얼음의 시원함과 팥의 단맛이 어우러져 여름날 더위
     [시원함/시워남] [파테]

를 잊게 하는 음식인데 팥에다가 떡과 젤리, 아이스크림 등을 얹
　　[읻께]　　　　　　　　　　[떡꽈]

어서 그 맛을 풍부하게 하기도 합니다. 최근에는 다양한 빙수 전
　　　　　　　　　　　　　　　　　　　　　　[다양한/다양안]

문점이 생기면서 '빙수 전쟁'이라는 말이 나올 정도로 개성 있고

독특한 빙수들이 나오고 있습니다. 과거에는 얼음과 팥이 주재료
[독트칸]　　　　　　[읻씀니다/이씀니다]　　　　　　　[파치]

였지만 시대의 흐름에 발맞추어 과일, 녹차, 커피, 초콜릿 등 다양

한 재료를 사용한 빙수가 등장해서 사람들의 입맛을 사로잡고 있
　　　　　[사용한/사용안] [등장해서/등장애서]　　[임마슬]

습니다. 또한 얼음 대신 우유를 얼려서 갈아 만든 빙수는 '눈꽃 빙

수'라고도 하는데 부드럽고 입 안에서 잘 녹아서 아주 큰 인기를
　　　　　　　　　[부드럽꼬]

얻고 있습니다.

　　　남녀노소를 막론하고 사랑받는 팥빙수는 이제 빙수 전문점의
　　　　　　　　[망논하고/망노나고] [사랑반는]

등장으로 한여름뿐만 아니라 추운 겨울에도 먹을 수 있게 되었습
　　　　　[한녀름]　　　　　　　　　　　　　[머글쑤읻께]

니다. 한국을 방문한 외국인들도 빙수 전문점을 즐겨 찾고 있으
　　　　　　[방문한/방무난]

며 해외에 진출한 한국의 빙수 전문점도 인기를 얻고 있습니다.
　　　　　[진출한/진추란]

2. Practice the following pronunciations. Listen carefully and repeat.

Aspirated Consonants p.62	시작합니다 [시자캄니다] 독특한 [독트칸]
Elimination of ㅎ Pronunciation p.70	좋아하는 [조아하는] 않는 [안는]
Fortis Articulation p.76	팥빙수 [팓삥수] 인기 [인끼] 뒷받침 [뒫빧침] 잊게 [읻께] 떡과 [떡꽈] 있습니다 [읻씀니다] 부드럽고 [부드럽꼬] 먹을 수 있게 [머글쑤읻께]
Palatalization p.86	팥이 [파치]
Nasalization ① p.92	묻는 [문는] 시작합니다 [시자캄니다] 있습니다 [읻씀니다] 입맛을 [임마슬] 사랑받는 [사랑반는]
Nasalization ③ p.106	막론하고 [망논하고]
Addition of ㄴ p.120	한여름 [한녀름]

3. Repeat after the recording and make pauses carefully with the mark /.

(1)
> 한국인이 가장 좋아하는 여름 음식을 묻는 조사에서 / 빠지지 않는 대답 중 하나가 팥빙수입니다. 이러한 팥빙수의 인기를 뒷받침하듯이 / 여름이 되면 / 대부분의 커피 전문점에서 팥빙수를 팔기 시작합니다.
>
> - There is spacing between the words 여름이 되면, but it sounds more natural to say the phrase without pausing.

(2)
> 팥빙수는 / 얼음의 시원함과 팥의 단맛이 어우러져 / 여름날 더위를 잊게 하는 음식인데 / 팥에다가 떡과 젤리, 아이스크림 등을 얹어서 / 그 맛을 풍부하게 하기도 합니다.
>
> - Description of the subject 팥빙수 follows right after, so a pause must be made after 팥빙수는.
> - When a sentence is long, a pause is made after the connective suffix. Therefore, it sounds more natural to make a pause after 어우러져, 음식인데, and 얹어서.

(3)
> 최근에는 다양한 빙수 전문점이 생기면서 / '빙수 전쟁'이라는 말이 나올 정도로 / 개성 있고 독특한 빙수들이 나오고 있습니다. 과거에는 얼음과 팥이 주재료였지만 / 시대의 흐름에 발맞추어 / 과일, 녹차, 커피, 초콜릿 등 / 다양한 재료를 사용한 빙수가 등장해서 / 사람들의 입맛을 사로잡고 있습니다.
>
> - When a sentence is long, a pause is made after the connective suffix. Therefore, it sounds more natural to make a pause after 주재료였지만, 발맞추어, and 등장해서.
> - When nouns are listed like in 과일, 녹차, 커피, and 초콜릿 등, it sounds more natural to make a pause after 등.

(4) **또한** / 얼음 대신 **우유를 얼려서 갈아 만든 빙수는** / '눈꽃 빙수'라고도 하는데 / 부드럽고 입 안에서 잘 녹아서 아주 큰 인기를 얻고 있습니다.

> - A pause must be made after the adverb 또한 for the following information to be conveyed well.
> - 우유를 얼려서 갈아 만든 modifies the subject 빙수는, so there must be no pause between the phrase and the subject. A pause is made after the subject.

(5) 남녀노소를 막론하고 사랑받는 팥빙수는 / 이제 빙수 전문점의 등장으로 / 한여름뿐만 아니라 추운 겨울에도 **먹을 수 있게** 되었습니다.

> - There is spacing between the words 먹을 수 있게, but the meaning is conveyed well when the phrase is spoken without pausing.

(6) **한국을 방문한 외국인들도** / 빙수 전문점을 즐겨 찾고 있으며 / 해외에 진출한 **한국의 빙수 전문점도** / 인기를 얻고 있습니다.

> - The meaning is conveyed well when 한국을 방문한 and 외국인들도 are read without pausing.
> - There is spacing between the words 한국의 빙수 전문점도, but the meaning is conveyed well when the phrase is read without pausing.

4. Take note of the pronunciation, pauses, and speed while reading the following.

한국인이 가장 좋아하는 여름 음식을 묻는 조사에서 빠지지 않는 대답 중 하나가 팥빙수입니다. 이러한 팥빙수의 인기를 뒷받침하듯이 여름이 되면 대부분의 커피 전문점에서 팥빙수를 팔기 시작합니다.

팥빙수는 얼음의 시원함과 팥의 단맛이 어우러져 여름날 더위를 잊게 하는 음식인데 팥에다가 떡과 젤리, 아이스크림 등을 얹어서 그 맛을 풍부하게 하기도 합니다. 최근에는 다양한 빙수 전문점이 생기면서 "빙수 전쟁"이라는 말이 나올 정도로 개성 있고 독특한 빙수들이 나오고 있습니다. 과거에는 얼음과 팥이 주재료였지만 시대의 흐름에 발맞추어 과일, 녹차, 커피, 초콜릿 등 다양한 재료를 사용한 빙수가 등장해서 사람들의 입맛을 사로잡고 있습니다. 또한 얼음 대신 우유를 얼려서 갈아 만든 빙수는 "눈꽃 빙수"라고도 하는데 부드럽고 입 안에서 잘 녹아서 아주 큰 인기를 얻고 있습니다.

남녀노소를 막론하고 사랑받는 팥빙수는 이제 빙수 전문점의 등장으로 한여름뿐만 아니라 추운 겨울에도 먹을 수 있게 되었습니다. 한국을 방문한 외국인들도 빙수 전문점을 즐겨 찾고 있으며 해외에 진출한 한국의 빙수 전문점도 인기를 얻고 있습니다.

Estimated reading time : 1 minute 31 seconds

Record how long it took for you to read!

First Reading	minute(s)	second(s)
Second Reading	minute(s)	second(s)
Third Reading	minute(s)	second(s)

⑮ 군대 Military

1. Listen to the following, paying attention to the underlined words.

Track 143

한국 여자들이 싫어하는 이야기 3위는 군대 이야기, 2위는
[한궁녀자드리] [시러하는]

축구 이야기, 그리고 1위는 군대에서 축구한 이야기라는 재미있는
[축꾸] [재미인는]

말이 있다. 여자들은 군대 이야기를 지루해하지만 남자들은

생각날 때마다 "내가 군대에 있었을 때"로 시작되는 이야기를 꺼
[생강날 때] [시작뙤는]

낸다.

대한민국의 건강한 남자라면 누구나 국가와 사랑하는 가족을
[국까]
지킬 의무가 있다. 만 19세가 되면 입대가 가능하고 학업 등의 이
[입때]   [하겁뜽에]
유로 30세까지 연기할 수 있다.

입대를 하면 먼저 훈련소에서 5주간의 훈련을 받고 자신의 부
[훌련소]
대로 이동해서 육군은 21개월, 해군은 23개월, 공군은 24개월 동
[육꾸는]
안 나라를 지킨다.

해군 부대 중 하나인 해병대는 바다와 육지 어디에서나 싸울
[육찌]
수 있도록 훈련 받는다. 해병대에 들어가기도 쉽지 않고 훈련도
[쉽찌] [안코]
힘들기로 유명해서 해병대 출신들의 자부심이 대단하다.
[출씬드레]   [대단하다/대다나다]

요즘은 한류 스타가 많아지면서 국내 팬들뿐만 아니라 해외
[할류]   [마나지면서] [궁내]
팬들도 연예인들의 입대와 제대를 보러 현장에 찾아가고 있다.

군대에 가는 남자 연예인들은 사람들에게 잊혀질까 봐 불안해하
[이처질까봐]
기도 한다. 그러나 군 입대를 계기로 남자답고 강하다는 이미지
[남자답꼬]
가 생겨서 인기가 높아지는 경우도 있다.
[인끼]

2. Practice the following pronunciations. Listen carefully and repeat.

Track 144

Aspirated Consonants pg.62	않고 [안코] 잊혀질까 봐 [이처질까봐]	
Elimination of ㅎ Pronunciation pg.70	싫어하는 [시러하는] 많아지면서 [마나지면서]	
Fortis Articulation pg.76	축구 [축꾸] 국가 [국까] 학업 등의 [하겁뜽에] 육지 [육찌] 남자답고 [남자답꼬]	시작되는 [시작뙤는] 입대 [입때] 육군은 [육꾸는] 출신들의 [출씬드레] 인기 [인끼]
Nasalization ① pg.92	재미있는 [재미인는] 생각날 때 [생강날때] 국내 [궁내]	
Liquidization pg.112	훈련소 [훌련소] 한류 [할류]	
Addition of ㄴ pg.120	한국 여자들이 [한궁녀자드리]	

Track 145

3. Repeat after the recording and make pauses carefully with the mark /.

(1) 한국 여자들이 싫어하는 이야기 3위는 / 군대 이야기, 2위는 축구 이야기, 그리고 1위는 / 군대에서 축구한 이야기라는 / 재미있는 말이 있다. 여자들은 군대 이야기를 지루해하지만 / 남자들은 생각날 때마다 / **"내가 군대에 있었을 때"로 시작되는 이야기** 를 꺼낸다.

- 내가 군대에 있었을 때로 시작되는 modifies the 이야기 that follows. The meaning is conveyed well when the entire phrase is spoken without pause.

⑮ Military 221

(2)

==대한민국의 건강한 남자라면 누구나== / 국가와 사랑하는 가족을 지킬 의무가 있다. 만 19세가 되면 입대가 가능하고 / 학업 등의 이유로 / 30세까지 연기할 수 있다.

- A pause must be made after 누구나 in order to clearly identify to whom the phrase refers.

(3)

입대를 하면 먼저 / 훈련소에서 5주간의 훈련을 받고 / 자신의 부대로 이동해서 / 육군은 21개월, 해군은 23개월, 공군은 24개월 동안 나라를 지킨다. 해군 부대 중 하나인 ==해병대는== / 바다와 육지 / 어디에서나 싸울 수 있도록 훈련 받는다. 해병대에 들어가기도 ==쉽지 않고== / 훈련도 힘들기로 ==유명해서== / 해병대 출신들의 자부심이 대단하다.

- A description of the subject 해병대 follows right after so a pause must be made after 해병대는.
- When a sentence is long, a pause is made after the connective suffix. Therefore, it sounds more natural to make a pause after 쉽지 않고 and 유명해서.

(4)

요즘은 한류 스타가 많아지면서 / 국내 팬들뿐만 아니라 해외 팬들도 / 연예인들의 입대와 제대를 보러 현장에 찾아가고 있다. 군대에 가는 남자 연예인들은 / 사람들에게 ==잊혀질까 봐== 불안해하기도 한다. 그러나 군 입대를 계기로 / 남자답고 강하다는 이미지가 생겨서 / 인기가 높아지는 경우도 있다.

- There is spacing between the words 잊혀질까 봐, but the meaning is conveyed well when the phrase is spoken without pause.

4. Take note of the pronunciation, pauses, and speed while reading the following.

　　한국 여자들이 싫어하는 이야기 3위는 군대 이야기, 2위는 축구 이야기, 그리고 1위는 군대에서 축구한 이야기라는 재미있는 말이 있다. 여자들은 군대 이야기를 지루해하지만 남자들은 생각날 때마다 "내가 군대에 있었을 때"로 시작되는 이야기를 꺼낸다.

　　대한민국의 건강한 남자라면 누구나 국가와 사랑하는 가족을 지킬 의무가 있다. 만 19세가 되면 입대가 가능하고 학업 등의 이유로 30세까지 연기할 수 있다. 입대를 하면 먼저 훈련소에서 5주간의 훈련을 받고 자신의 부대로 이동해서 육군은 21개월, 해군은 23개월, 공군은 24개월 동안 나라를 지킨다.

　　해군 부대 중 하나인 해병대는 바다와 육지 어디에서나 싸울 수 있도록 훈련받는다. 해병대에 들어가기도 쉽지 않고 훈련도 힘들기로 유명해서 해병대 출신들의 자부심이 대단하다.

　　요즘은 한류 스타가 많아지면서 국내 팬들뿐만 아니라 해외 팬들도 연예인들의 입대와 제대를 보러 현장에 찾아가고 있다. 군대에 가는 남자 연예인들은 사람들에게 잊혀질까 봐 불안해하기도 한다. 그러나 군 입대를 계기로 남자답고 강하다는 이미지가 생겨서 인기가 높아지는 경우도 있다.

Estimated reading time : 1 minute 34 seconds

Record how long it took for you to read!

First Reading	minute(s)	second(s)
Second Reading	minute(s)	second(s)
Third Reading	minute(s)	second(s)

⑯ 야구 응원 문화 Cheering for Baseball

1. Listen to the following, paying attention to the underlined words.

Track 146

한국 사람들은 야구장에 가면 조용히 야구만 보는 게 아니라
[조용히/조용이]

다 같이 응원에 참여하며 음식도 먹고 신나게 야구를 관람한다.
[다가치]   [괄람]

단체로 부르는 응원가도 빼놓을 수 없는데 팀 응원가와 선수 응원
[빼노을쑤] [엄는데]

가가 따로 있고 열정적인 야구팬들은 모두 따라 부른다. 경기 중
[열쩡저긴]

에는 응원을 하느라 바쁘고 공격과 수비가 바뀌는 쉬는 시간에는
[공격꽈]

춤 대결, 키스 타임 등 여러 가지 행사가 있어서 야구장에서 보내는 시간은 지루할 틈이 없다.
[업따]

여러 지역 중 부산의 야구 사랑은 특히 유명한데 부산에서는
[트키]
종교의 자유는 있지만 야구 팀을 선택할 자유는 없다는 농담까지
[읻찌만]　　　　　[선태칼]
있다. 부산 사투리로 응원 구호를 외치고 주황색 봉지를 머리에 쓰고 신문지로 꽃잎을 만들어 흔드는 관중들을 보면 부산 사람들
　　　　　　[꼰니플]
의 홈 팀인 롯데 자이언츠에 대한 사랑이 느껴진다.

야구를 좋아하든 안 좋아하든 볼거리, 먹을거리가 많은 야구
　　　　　　　　　　　　　　[볼꺼리]　[먹을꺼리]
장에 가서 흥겹게 응원도 하고 맛있는 것도 먹으면서 못 잊을 추
　　　[흥겹께]　　　　　　[마신는][걷또]　　　　[몬니즐]
억을 쌓을 수 있을 것이다.
　　　[싸을]

2. Practice the following pronunciations. Listen carefully and repeat.

Track 147

Aspirated Consonants p.62	특히[트키] 선택할[선태칼]
Elimination of ㅎ Pronunciation p.70	빼놓을[빼노을] 쌓을[싸을]
Fortis Articulation p.76	열정적인[열쩡저긴] 공격과[공격꽈] 없다[업따] 있지만[읻찌만] 볼거리[볼꺼리] 먹을거리[먹을꺼리] 흥겹게[흥겹께] 것도[걷또]
Palatalization p.86	같이[가치]
Nasalization ① p.92	없는데[엄는데] 맛있는[마신는]
Liquidization p.112	관람[괄람]
Addition of ㄴ p.120	꽃잎을[꼰니플] 못 잊을[몬니즐]

226　Korean Pronunciation Guide

3. Repeat after the recording and make pauses carefully with the mark /.

(1) 한국 사람들은 야구장에 가면 / 조용히 야구만 보는 게 아니라 / 다 같이 응원에 참여하며 / 음식도 먹고 신나게 야구를 **관람한다**.

- Make sure that the pronunciation of 관람[괄람] does not become [과람].

(2) 단체로 부르는 응원가도 **빼놓을 수 없는데** / 팀 응원가와 선수 응원가가 따로 있고 / 열정적인 야구팬들은 / 모두 따라 부른다.

- There is spacing between the words 빼놓을 수 없는데, but it sounds more natural to say the phrase without pausing.

(3) 경기 중에는 응원을 하느라 **바쁘고** / **공격과 수비가 바뀌는 쉬는 시간에는** / 춤 대결, 키스 타임 등 여러 가지 행사가 **있어서** / 야구장에서 보내는 시간은 지루할 틈이 없다.

- When a sentence is long, a pause is made after the connective suffix. Therefore, it sounds more natural to make a pause after 바쁘고 and 있어서.
- 공격과 수비가 바뀌는 modifies 쉬는 시간에는, which follows it. The meaning is conveyed well when the entire phrase is spoken without pausing.

(4) 여러 지역 중 부산의 야구 사랑은 특히 유명한데 / **부산에서는 종교의 자유는 있지만** / **야구 팀을 선택할 자유는 없다는 농담**까지 있다.

- 부산에서는 종교의 자유는 있지만 야구 팀을 선택할 자유는 없다는 modifies 농담. The meaning is conveyed well when the entire phrase is spoken without pausing.

(5) 부산 사투리로 응원 구호를 **외치고** / 주황색 봉지를 머리에 **쓰고** / **신문지로 꽃잎을 만들어 흔드는 관중들을 보면** / 부산 사람들의 홈 팀인 롯데 자이언츠에 대한 사랑이 느껴진다.

- When a sentence is long, a pause is made after the connective suffix. Therefore, it sounds more natural to make a pause after 외치고, 쓰고, and 보면.
- 신문지로 꽃잎을 만들어 흔드는 modifies 관중들을, which follows it. The meaning is conveyed well when the entire phrase is spoken without pausing.

(6) 야구를 **좋아하든 안 좋아하든** / **볼거리, 먹을거리가 많은 야구장**에 가서 / 흥겹게 응원도 하고 맛있는 것도 먹으면서 / **못 잊을** 추억을 쌓을 수 있을 것이다.

- It sounds more natural to say 안 좋아하든 without pausing.
- 볼거리, 먹을거리가 많은 modifies 야구장에, that follows it. It sounds more natural to say the entire phrase without pausing.
- If spoken slowly with spacing intact, 못 잊을 may be pronounced [모디즐], but pronouncing it [몬니즐] quickly sounds more natural and fluent.

4. Take note of the pronunciation, pauses, and speed while reading the following.

한국 사람들은 야구장에 가면 조용히 야구만 보는 게 아니라 다 같이 응원에 참여하며 음식도 먹고 신나게 야구를 관람한다. 단체로 부르는 응원가도 빼놓을 수 없는데 팀 응원가와 선수 응원가가 따로 있고 열정적인 야구팬들은 모두 따라 부른다. 경기 중에는 응원을 하느라 바쁘고 공격과 수비가 바뀌는 쉬는 시간에는 춤 대결, 키스 타임 등 여러 가지 행사가 있어서 야구장에서 보내는 시간은 지루할 틈이 없다.

여러 지역 중 부산의 야구 사랑은 특히 유명한데 부산에서는 종교의 자유는 있지만 야구 팀을 선택할 자유는 없다는 농담까지 있다. 부산 사투리로 응원 구호를 외치고 주황색 봉지를 머리에 쓰고 신문지로 꽃잎을 만들어 흔드는 관중들을 보면 부산 사람들의 홈 팀인 롯데 자이언츠에 대한 사랑이 느껴진다.

야구를 좋아하든 안 좋아하든 볼거리, 먹을거리가 많은 야구장에 가서 흥겹게 응원도 하고 맛있는 것도 먹으면서 못 잊을 추억을 쌓을 수 있을 것이다.

Estimated reading time : 1 minute 16 seconds

Record how long it took for you to read!

First Reading	minute(s)	second(s)
Second Reading	minute(s)	second(s)
Third Reading	minute(s)	second(s)

⑰ 치킨과 맥주 Chicken and Beer

1. Listen to the following, paying attention to the underlined words.

몇 년 전부터 치킨을 이야기할 때 자연스럽게 맥주를 떠올리
[면년]   [맥쭈]
게 됩니다. 치킨과 맥주를 줄여 부르는 '치맥'이라는 단어는 이제

많은 사람들이 그 뜻을 알고 있습니다. 시원한 맥주와 고소한 치
[마는]

킨의 만남은 많은 사람들에게 환영을 받습니다.
                                    [받씀니다/바씀니다]

치킨은 한국인들이 가장 자주 배달해 먹는 음식이며 전국의
                                        [멍는]

치킨 전문점 수는 3만 여 곳에 이른다고 합니다. 언제 어디서나
[삼마녀] [고세]

쉽게 먹을 수 있는 치킨은 맥주를 마실 때도 함께 먹기에 좋은 음
[쉽께] [머글쑤인는] [먹끼] [조은]

식으로 꾸준히 사랑받고 있습니다. 고소한 프라이드치킨도 맛있
[꾸준히/꾸주니] [사랑받꼬]

지만 1980년대에 등장한 양념치킨도 인기 메뉴 중 하나입니다.
[천구백팔씸년대] [인끼]

고추장으로 만든 매콤하고 달콤한 양념 맛은 전 국민의 입맛을 사
[매콤하고달콤한/매코마고달코만] [전궁미네] [임마슬]

로잡았습니다.

    치킨과 맥주를 같이 먹는 문화는 외국인들에게도 사랑을 받
[가치] [문화/무놔]

고 있습니다. 많은 외국인 유학생들이 한국의 음식 문화 중에서

'치맥'을 인상 깊고 좋아하는 문화로 꼽습니다.
[인상깁꼬] [조아하는] [꼽씀니다]

    높은 시청률을 기록했던 드라마 '별에서 온 그대'에서는 여주
[시청뉴를] [기로캔떤]

인공이 '치맥'에 대한 애정을 드러내면서 치킨과 맥주를 먹는 장

면이 나옵니다. 그 드라마의 영향으로 해외에서는 치맥 열풍이
[영향/영양] [치맹녈풍]

불기도 했습니다.

2. Practice the following pronunciations. Listen carefully and repeat.

Track 150

Aspirated Consonants p.62	기록했던 [기로캔떤]
Elimination of ㅎ Pronunciation p.70	많은 [마는] 좋은 [조은] 좋아하는 [조아하는]
Fortis Articulation p.76	맥주 [맥쭈] 받습니다 [받씀니다] 쉽게 [쉽께] 먹을 수 있는 [머글쑤인는] 먹기 [먹끼] 사랑받고 [사랑받꼬] 인기 [인끼] 인상 깊고 [인상깁꼬] 꼽습니다 [꼽씀니다] 기록했던 [기로캔떤]
Palatalization p.86	같이 [가치]
Nasalization ① p.92	몇 년 [면년] 받습니다 [받씀니다] 먹는 [멍는] 먹을 수 있는 [머글쑤인는] 1980년대 [천구백팔씸년대] 전국민의 [전궁미네] 입맛을 [임마슬] 꼽습니다 [꼽씀니다]
Nasalization ② p.100	시청률을 [시청뉴를]
Addition of ㄴ p.120	치맥 열풍 [치맹녈풍]

3. Repeat after the recording and make pauses carefully with the mark /.

Track 151

(1) **몇 년 전부터** 치킨을 이야기할 때 / 자연스럽게 맥주를 떠올리게 됩니다.

- There is spacing between the words 몇 년 전부터, but it sounds more natural to say the phrase without pausing.

(2) **치킨과 맥주를 줄여 부르는 '치맥'이라는 단어는** / 이제 많은 사람들이 그 뜻을 알고 있습니다. 시원한 맥주와 고소한 치킨의 만남은 / 많은 사람들에게 환영을 받습니다.

- 치킨과 맥주를 줄여 부르는 modifiess the subject 치맥. The meaning is conveyed well when 치킨과 맥주를 줄여 부르는 and 치맥 are spoken without pausing.

(3) 치킨은 / 한국인들이 가장 자주 배달해 먹는 음식이며 / 전국의 치킨 전문점 수는 / **3만 여 곳에** 이른다고 합니다. 언제 어디서나 쉽게 **먹을 수 있는** 치킨은 / 맥주를 마실 때도 함께 먹기에 좋은 음식으로 / 꾸준히 사랑받고 있습니다.

- There is spacing between the words 3만 여 곳에 and 먹을 수 있는, but it sounds more natural to say the phrases without pausing.

(4) 고소한 프라이드치킨도 맛있지만 / 1980년대에 등장한 양념치킨도 / 인기 메뉴 중 하나입니다. ==고추장으로 만든 매콤하고 달콤한 양념 맛은== / ==전 국민의== 입맛을 사로잡았습니다.

- 고추장으로 만든 modifies 매콤하고 달콤한 양념 맛은, which follows it so the meaning is conveyed well when 고추장으로 만든 and 매콤하고 달콤한 양념 맛은 are spoken without pausing.
- There is spacing between the words 전 국민의, but it sounds more natural to say the phrase without pausing.

(5) ==치킨과 맥주를 같이 먹는 문화는== / 외국인들에게도 사랑을 받고 있습니다. 많은 외국인 유학생들이 / 한국의 음식 문화 중에서 '치맥'을 / 인상 깊고 좋아하는 문화로 꼽습니다. 높은 시청률을 기록했던 드라마 '별에서 온 그대'에서는 / 여주인공이 '치맥'에 대한 애정을 드러내면서 / 치킨과 맥주를 먹는 장면이 나옵니다. 그 드라마의 영향으로 / 해외에서는 치맥 열풍이 불기도 했습니다.

- 치킨과 맥주를 같이 먹는 modifies the subject 문화는, so there must be no pause between the phrase and the subject. A pause is made after the subject.

4. Take note of the pronunciation, pauses, and speed while reading the following.

몇 년 전부터 치킨을 이야기할 때 자연스럽게 맥주를 떠올리게 됩니다. 치킨과 맥주를 줄여 부르는 '치맥'이라는 단어는 이제 많은 사람들이 그 뜻을 알고 있습니다. 시원한 맥주와 고소한 치킨의 만남은 많은 사람들에게 환영을 받습니다.

치킨은 한국인들이 가장 자주 배달해 먹는 음식이며 전국의 치킨 전문점 수는 3만 여 곳에 이른다고 합니다. 언제 어디서나 쉽게 먹을 수 있는 치킨은 맥주를 마실 때도 함께 먹기에 좋은 음식으로 꾸준히 사랑받고 있습니다. 고소한 프라이드치킨도 맛있지만 1980년대에 등장한 양념치킨도 인기 메뉴 중 하나입니다. 고추장으로 만든 매콤하고 달콤한 양념 맛은 전 국민의 입맛을 사로잡았습니다.

치킨과 맥주를 같이 먹는 문화는 외국인들에게도 사랑을 받고 있습니다. 많은 외국인 유학생들이 한국의 음식 문화 중에서 '치맥'을 인상 깊고 좋아하는 문화로 꼽습니다.

높은 시청률을 기록했던 드라마 '별에서 온 그대'에서는 여주인공이 '치맥'에 대한 애정을 드러내면서 치킨과 맥주를 먹는 장면이 나옵니다. 그 드라마의 영향으로 해외에서는 치맥 열풍이 불기도 했습니다.

Estimated reading time : 1 minute 33 seconds

Record how long it took for you to read!

First Reading	minute(s)	second(s)
Second Reading	minute(s)	second(s)
Third Reading	minute(s)	second(s)

⑱ 요리하는 남자 A Man Who Cooks

1. Listen to the following, paying attention to the underlined words.

Track 152

전통적인 사고방식의 <u>변화</u> 중 하나는 '<u>바깥일은</u> 남자, <u>집안일은</u>
　　　　　　　　　[변화/벼놔]　　　　　[바깐니른]　　　　　[지반니른]

여자'라는 생각이 사라지고 있는 것이다. 집안일 중에서도 요리는

여자들의 <u>몫이라는</u> 생각이 강했지만 지금은 TV에서도 요리하는
　　　　　[목씨라는]

남자들이 많이 나오고 남자가 요리를 하면 멋있다고 느끼는 사람

도 많아졌다.

236　Korean Pronunciation Guide

전에는 여자 요리사가 나와서 요리법과 음식 정보를 전달하거나
[요리뻡] [전달하거나/전다라거나]

연예인들이 맛집을 찾는 프로그램이 대부분이었다. 그런데 요
[맏찌블] [찬는]

즘은 옆집 아저씨 같은 남자가 익숙한 재료로 쉽게 만들어 먹는
[익쑤칸] [멍는]

집밥을 소개하거나 남자 요리사들이 근사한 음식을 만드는 등 프
[집빱]

로그램의 종류가 다양해졌다. 드라마에서도 남자들이 직접 요리
[종뉴] [직쩝]

하는 장면을 많이 볼 수 있고 그에 따라 요리사라는 직업에 대한

호감도 높아지고 있다.

옛날에는 요리사가 되려는 사람들이나 결혼을 앞둔 여자들이 학
[압뚠]

원에서 요리를 배웠지만 요즘은 30대부터 60대까지 다양한 연령대
[열령때에]

의 남자들이 요리를 배우고 있다. 특히 아버지들의 변화가 눈에 띈
[트키] [띤다]

다. 일만 열심히 하면 된다고 생각했던 아버지들이 요리를 통해 가
[생가캗떤]

족들에게 더 가까이 다가가고 사랑을 표현하려는 노력을 하고 있다.

이제 요리는 더 이상 여자들만의 일이 아니라 남녀 모두의 평범한
[평범한/평버만]

일상이 아닐까?
[일쌍]

2. Practice the following pronunciations. Listen carefully and repeat.

Aspirated Consonants p.62	익숙한[익쑤칸] 특히[트키] 생각했던[생가캔떤]
Elimination of ㅎ Pronunciation p.70	많이[마니]
Fortis Articulation p.76	요리법[요리뻡] 맛집을[맏찌블] 쉽게[쉽께] 직접[직쩝] 집밥[집빱] 앞둔[압뚠] 연령대에[열령때에] 생각했던[생가캔떤] 일상[일쌍]
Nasalization ① p.92	찾는[찬는] 먹는[멍는]
Nasalization ② p.100	종류[종뉴]
Liquidization p.112	연령대에[열령때에]
Addition of ㄴ p.120	바깥일[바깐닐] 집안일[지반닐]

3. Repeat after the recording and make pauses carefully with the mark /.

Track 154

(1)
전통적인 사고방식의 변화 중 하나는 / '바깥일은 남자, 집안일은 여자'라는 생각이 / 사라지고 있는 것이다.

- 바깥일은 남자, 집안일은 여자라는 modifies 생각이, which follows it. The meaning is conveyed well when the entire phrase is spoken without pausing.

(2)
집안일 중에서도 / 요리는 여자들의 몫이라는 생각이 강했지만 / 지금은 TV에서도 요리하는 남자들이 많이 나오고 / 남자가 요리를 하면 멋있다고 느끼는 사람도 많아졌다.

- There is spacing between the words 집안일 중에서도, but it sounds more natural to say the phrase without pausing.

(3)
전에는 / 여자 요리사가 나와서 요리법과 음식 정보를 전달하거나 / 연예인들이 맛집을 찾는 프로그램이 대부분이었다. 그런데 요즘은 / 옆집 아저씨 같은 남자가 / 익숙한 재료로 쉽게 만들어 먹는 집밥을 소개하거나 / 남자 요리사들이 근사한 음식을 만드는 등 / 프로그램의 종류가 다양해졌다. 드라마에서도 / 남자들이 직접 요리하는 장면을 많이 볼 수 있고 / 그에 따라 요리사라는 직업에 대한 호감도 높아지고 있다.

- The point of contrast is well conveyed when a pause is made after 전에는 and 요즘은.
- When a sentence is long, a pause is made after the connective suffix. Therefore, it sounds more natural to make a pause after 전달하거나 and 소개하거나.

(4) 옛날에는 / 요리사가 되려는 사람들이나 결혼을 앞둔 여자들이 / 학원에서 요리를 배웠지만 / 요즘은 / 30대부터 60대까지 다양한 연령 대의 남자들이 / 요리를 배우고 있다.

- The point of contrast is well conveyed when a pause is made after 옛날에는 and 요즘은.
- When a subject is long, like 요리사가 되려는 사람들이나 결혼을 앞둔 여자들이, the phrase is spoken without pausing to indicate that it is the subject.
- Make sure 연령[열령] is not pronounced [여령].

(5) 특히 아버지들의 변화가 눈에 띈다. 일만 열심히 하면 된다고 생각했던 아버지들이 / 요리를 통해 / 가족들에게 더 가까이 다가가고 / 사랑을 표현하려는 노력을 하고 있다. 이제 요리는 / 더 이상 여자들만의 일이 아니라 / 남녀 모두의 평범한 일상이 아닐까?

- 일만 열심히 하면 된다고 생각했던 modifies 아버지들이, which follows it. The meaning is conveyed well when the entire phrase is spoken without pausing.
- It sounds more natural to say 더 이상 without pausing.

4. Take note of the pronunciation, pauses, and speed while reading the following.

전통적인 사고방식의 변화 중 하나는 '바깥일은 남자, 집안일은 여자'라는 생각이 사라지고 있는 것이다. 집안일 중에서도 요리는 여자들의 몫이라는 생각이 강했지만 지금은 TV에서도 요리하는 남자들이 많이 나오고 남자가 요리를 하면 멋있다고 느끼는 사람도 많아졌다.

전에는 여자 요리사가 나와서 요리법과 음식 정보를 전달하거나 연예인들이 맛집을 찾는 프로그램이 대부분이었다. 그런데 요즘은 옆집 아저씨 같은 남자가 익숙한 재료로 쉽게 만들어 먹는 집밥을 소개하거나 남자 요리사들이 근사한 음식을 만드는 등 프로그램의 종류가 다양해졌다. 드라마에서도 남자들이 직접 요리하는 장면을 많이 볼 수 있고 그에 따라 요리사라는 직업에 대한 호감도 높아지고 있다.

옛날에는 요리사가 되려는 사람들이나 결혼을 앞둔 여자들이 학원에서 요리를 배웠지만 요즘은 30대부터 60대까지 다양한 연령대의 남자들이 요리를 배우고 있다. 특히 아버지들의 변화가 눈에 띈다. 일만 열심히 하면 된다고 생각했던 아버지들이 요리를 통해 가족들에게 더 가까이 다가가고 사랑을 표현하려는 노력을 하고 있다. 이제 요리는 더 이상 여자들만의 일이 아니라 남녀 모두의 평범한 일상이 아닐까?

Estimated reading time : 1 minute 32 seconds

Record how long it took for you to read!

First Reading	minute(s)	second(s)
Second Reading	minute(s)	second(s)
Third Reading	minute(s)	second(s)

⑲ 아줌마 파마 *Ajumma* Perm

1. Listen to the following, paying attention to the underlined words.

한국 아줌마들을 몇 명 본 외국인들은 왜 다들 똑같은 머리 모
　　　　　　　　[면명]　　　　　　　　　　　　[똑까튼]
양을 하고 있는지 궁금해한다. 확실히 한국의 아줌마나 할머니
　　　　　　　　[궁금해한다] [확씰히/확씨리]
들 중에는 '아줌마 파마'라고 불리는 짧은 파마 머리를 한 사람이

많다. 한국에서는 1937년부터 파마를 하기 시작했으며 지금까지
[만타]　　　　　[천구백삼십칠련]　　　　　[시자캐쓰며]
기술도 발전하고 종류도 다양해졌다. 여러 파마가 있지만 그래도
　　　[발쩐]　　[종뉴]　　[다양해젇따]　　　　　[읻찌만]

한국에서 오랫동안 사랑을 받은 파마는 '아줌마 파마'일 것이다.
　　　　　[오랜똥안]

　'아줌마 파마'의 가장 큰 장점은 미용실에 자주 가지 않아도
　　　　　　　　[장쩌믄]　　　　　　　　　　　[아나도]
되는 것이다. 최대한 뽀글뽀글한 모양이 나오도록 말아주면
　　　　　　　　　[뽀글뽀글한/뽀글뽀그란]
6개월에서 1년 정도까지는 풀리지 않기 때문에 돈을 절약할 수
[육깨워레서] [일련]　　　　　　　[안키]　　　　　　　[저랴칼쑤읻따]
있다. 그리고 '아줌마 파마'는 머리숱이 많아 보여서 나이 든 사람
　　　　　　　　　　　　　　[머리수치][마나]
들도 좋아하고 손질하기도 쉽다.
　　　[조아하고]

　　　알뜰한 옛날 어머니들의 선택은 '아줌마 파마'였다. 그러나 요
[알뜰한/알뜨란] [옌날]
즘의 젊은 주부들은 더 이상 '아줌마 파마'만을 고집하지 않는다.
　　　　　　　　　　　　　　　　　　　　　　[고지파지]
외모에도 신경 쓰고 취향에 맞는 다양한 머리 모양을 선택하고 있
　　　　　　　　　　　　　[만는]　　　　　　　　　[선태카고]
다. '아줌마 파마'라는 말은 이제 몇 년이 더 지나면 듣기 어려워질
　　　　　　　　　　　　　　　[면녀니]　　　　　　[듣끼][어려워질찌도]
지도 모르겠다.
　　　[모르겓따]

2. Practice the following pronunciations. Listen carefully and repeat.

Aspirated Consonants p.62	많다[만타] 시작했으며[시자캐쓰며] 않기[안키] 절약할 수 있다[저랴칼쑤읻따] 고집하지[고지파지] 선택하고[선태카고]
Elimination of ㅎ Pronunciation p.70	않아도[아나도] 많아[마나] 좋아하고[조아하고]
Fortis Articulation p.76	똑같은[똑까튼] 확실히[확씰히] 발전하고[발쩐하고] 다양해졌다[다양해젇따] 있지만[읻찌만] 오랫동안[오랟똥안] 장점은[장쩌믄] 6개월에서[육깨워레서] 절약할 수 있다[저랴칼쑤읻따] 듣기[듣끼] 어려워질지도[어려워질찌도] 모르겠다[모르겓따]
Palatalization p.86	머리숱이[머리수치]
Nasalization ① p.92	몇 명[면명] 옛날[옌날] 맞는[만는] 몇 년이[면녀니]
Nasalization ② p.100	종류[종뉴]
Liquidization p.112	1937년[천구백삼십칠련] 1년[일련]

3. Repeat after the recording and make pauses carefully with the mark /.

(1)
<mark>한국 아줌마들을 몇 명 본 외국인들은</mark> / 왜 다들 똑같은 머리 모양을 하고 있는지 궁금해한다. 확실히 한국의 아줌마나 할머니들 중에는 / '아줌마 파마'라고 불리는 / 짧은 파마머리를 한 사람이 많다.

- 한국 아줌마들을 몇 명 본 modifies the subject 외국인들은, so there must be no pause between the phrase and the subject. A pause is made after the subject.

(2)
한국에서는 1937년부터 파마를 하기 시작했으며 / 지금까지 기술도 발전하고 종류도 다양해졌다. 여러 파마가 있지만 / 그래도 한국에서 <mark>오랫동안 사랑을 받은 파마는</mark> / '아줌마 파마'일 것이다.

- 오랫동안 사랑을 받은 modifies the subject 파마는, so there must be no pause between the phrase and the subject. A pause is made after the subject.

(3)
'아줌마 파마'의 가장 큰 장점은 / 미용실에 자주 가지 않아도 되는 것이다. 최대한 뽀글뽀글한 모양이 나오도록 <mark>말아 주면</mark> / 6개월에서 1년 정도까지는 <mark>풀리지 않기 때문에</mark> / 돈을 절약할 수 있다. 그리고 '아줌마 파마'는 머리숱이 많아 보여서 / 나이 든 사람들도 좋아하고 / 손질하기도 쉽다.

- When a sentence is long, a pause is made after the connective suffix. Therefore, it sounds more natural to make a pause after 말아 주면 and 풀리지 않기 때문에.

(4) 알뜰한 옛날 어머니들의 선택은 / '아줌마 파마'였다. 그러나 요즘의 젊은 주부들은 / **더 이상** 아줌마 파마만을 고집하지 않는다.

- There is spacing between the words 더 이상, but it sounds more natural to say the phrase without pausing.

(5) 외모에도 신경 쓰고 / **취향에 맞는 다양한 머리 모양을** 선택하고 있다. '아줌마 파마'라는 말은 / 이제 몇 년이 더 지나면 / 듣기 어려워질지도 모르겠다.

- 취향에 맞는 modifies 다양한 머리 모양, which follows it. The meaning is conveyed well when 취향에 맞는 and 다양한 머리 모양을 are spoken without pausing.

4. Take note of the pronunciation, pauses, and speed while reading the following.

> 한국 아줌마들을 몇 명 본 외국인들은 왜 다들 똑같은 머리 모양을 하고 있는지 궁금해한다. 확실히 한국의 아줌마나 할머니들 중에는 '아줌마 파마'라고 불리는 짧은 파마머리를 한 사람이 많다. 한국에서는 1937년부터 파마를 하기 시작했으며 지금까지 기술도 발전하고 종류도 다양해졌다. 여러 파마가 있지만 그래도 한국에서 오랫동안 사랑을 받은 파마는 '아줌마 파마'일 것이다.
>
> '아줌마 파마'의 가장 큰 장점은 미용실에 자주 가지 않아도 되는 것이다. 최대한 뽀글뽀글한 모양이 나오도록 말아주면 6개월에서 1년 정도까지는 풀리지 않기 때문에 돈을 절약할 수 있다. 그리고 '아줌마 파마'는 머리숱이 많아 보여서 나이 든 사람들도 좋아하고 손질하기도 쉽다.
>
> 알뜰한 옛날 어머니들의 선택은 '아줌마 파마'였다. 그러나 요즘의 젊은 주부들은 더 이상 '아줌마 파마'만을 고집하지 않는다. 외모에도 신경 쓰고 취향에 맞는 다양한 머리 모양을 선택하고 있다. '아줌마 파마'라는 말은 이제 몇 년이 더 지나면 듣기 어려워질지도 모르겠다.

Estimated reading time : 1 minute 26 seconds

 Record how long it took for you to read!

First Reading	minute(s)	second(s)
Second Reading	minute(s)	second(s)
Third Reading	minute(s)	second(s)

Written Korean

⑳ 데이 문화 Day Culture

1. Listen to the following, paying attention to the underlined words.

Track 158

한국에는 달력에 나오지 <u>않는</u> <u>특별한</u> 날들이 <u>있습니다</u>. 밸런
[안는] [특뻘한/특뼈란]   [읻씀니다/이씀니다]

타인데이와 화이트데이, 블랙데이, 빼빼로데이 등이 <u>그렇습니다</u>.
[그러씀니다]

2월 14일 밸런타인데이에는 보통 <u>사랑하는</u> 사람끼리 선물이
[사랑하는/사랑아는]

나 카드를 <u>주고받는데</u> 한국에서는 좀 다릅니다. 밸런타인데이에
[주고반는데]

여자는 <u>좋아하는</u> 남자에게 초콜릿을 선물로 줍니다. 그리고 초
[조아하는]

콜릿을 받은 남자는 3월 14일에 여자에게 사탕을 <u>선물합니다</u>. 이
[선물함니다/선무람니다]

날이 바로 화이트데이입니다. 그래서 밸런타인데이와 화이트데이에는 초콜릿 상자나 사탕 바구니를 들고 있는 연인들을 곳곳에서 [곧꼬세서] 볼 수 있습니다. 밸런타인데이와 화이트데이는 연인들을 위한 날 [볼쑤] 이지만 이 날 직장 동료나 친구들에게 초콜릿이나 사탕을 주기도 [직짱][동뇨] 합니다.

그리고 연인이 없는 사람을 위한 날도 있습니다. 바로 4월 14 [엄는] 일 블랙데이입니다. 블랙데이는 연인이 없는 사람들끼리 짜장면을 먹는 날입니다. 검은색 음식인 짜장면을 먹으며 외롭고 우울한 [멍는] [외롭꼬] [우울한/우우란] 마음을 달랜다는 뜻일 겁니다.

한편 숫자와 관련해서 생긴 기념일도 있습니다. 11월 11일 빼 [숟짜] [괄련해서/괄려내서] 빼로데이가 그렇습니다. 이 날은 친구나 연인들이 '빼빼로'라는 과자를 주고받는 기념일인데 숫자1이 길쭉한 빼빼로 모양을 닮은 [길쭈칸] 데서 유래한 것입니다. 이 외에 삼겹살과 발음이 비슷해서 삼겹 [삼겹쌀] [비스태서] 살을 먹는다는 3월 3일 삼겹살데이도 있습니다.

2. Practice the following pronunciations. Listen carefully and repeat.

Track 159

Aspirated Consonants p.62	길쭉한 [길쭈칸] 비슷해서 [비스태서]
Elimination of ㅎ Pronunciation p.70	않는 [안는] 좋아하는 [조아하는]
Fortis Articulation p.76	특별한 [특뼐한] 있습니다 [읻씀니다] 그렇습니다 [그러씀니다] 곳곳에서 [곧꼬세서] 볼 수 [볼쑤] 직장 [직짱] 외롭고 [외롭꼬] 숫자 [숟짜] 삼겹살 [삼겹쌀]
Nasalization ① p.92	있습니다 [읻씀니다] 그렇습니다 [그러씀니다] 주고받는데 [주고반는데] 선물합니다 [선물함니다] 없는 [엄는] 먹는 [멍는]
Nasalization ② p.100	동료 [동뇨]
Liquidization p.112	관련해서 [괄련해서]

3. Repeat after the recording and make pauses carefully with the mark /.

(1)
한국에는 / 달력에 나오지 않는 특별한 날들이 있습니다. 밸런타인데이와 화이트데이, 블랙데이, 빼빼로데이 등이 그렇습니다.

- 달력에 나오지 않는 modifies the subject 특별한 날들이, so the meaning is conveyed well when the phrase and subject are spoken together without pausing.

(2)
2월 14일 밸런타인데이에는 / 보통 사랑하는 사람끼리 선물이나 카드를 주고받는데 / 한국에서는 좀 다릅니다. 밸런타인데이에 여자는 / 좋아하는 남자에게 초콜릿을 선물로 줍니다. 그리고 초콜릿을 받은 남자는 / 3월 14일에 여자에게 사탕을 선물합니다. 이 날이 바로 화이트데이입니다.

- 초콜릿을 받은 남자는 must be spoken without pausing. A pause is made after the subject 남자는.

(3)
그래서 밸런타인데이와 화이트데이에는 / 초콜릿 상자나 사탕 바구니를 들고 있는 연인들을 / 곳곳에서 볼 수 있습니다. 밸런타인데이와 화이트데이는 연인들을 위한 날이지만 / 이 날 직장 동료나 친구들에게 초콜릿이나 사탕을 주기도 합니다.

- 초콜릿 상자나 사탕 바구니를 들고 있는 modifies 연인들을, which follows it. The meaning is conveyed well when the entire phrase is spoken without pausing.

(4)

그리고 연인이 없는 사람을 위한 날도 있습니다. 바로 4월 14일 블랙데이입니다. 블랙데이는 / 연인이 없는 사람들끼리 짜장면을 먹는 날입니다. 검은색 음식인 짜장면을 먹으며 / 외롭고 우울한 마음을 달랜다는 뜻일 겁니다.

- In the case of 짜장면, 자장면 and 짜장면 are both standard pronunciations.
- It sounds more natural to say 외롭고 우울한 마음을 without pausing.

(5)

한편 / 숫자와 관련해서 생긴 기념일도 있습니다. 11월 11일 빼빼로데이가 그렇습니다. 이 날은 / 친구나 연인들이 '빼빼로'라는 과자를 주고받는 기념일인데 / 숫자1이 길쭉한 빼빼로 모양을 닮은 데서 유래한 것입니다.

- The meaning is conveyed well when a pause is made after the adverb 한편.
- When a sentence is long, a pause is made after the connective suffix. Therefore, it sounds more natural to make a pause after 기념일인데.

(6)

이 외에 / 삼겹살과 발음이 비슷해서 삼겹살을 먹는다는 / 3월 3일 삼겹살데이도 있습니다.

- 삼겹살과 발음이 비슷해서 삼겹살을 먹는다 modifies 3월 3일 삼겹살데이. The meaning is conveyed well when the entire phrase is spoken without pausing.

4. Take note of the pronunciation, pauses, and speed while reading the following.

한국에는 달력에 나오지 않는 특별한 날들이 있습니다. 밸런타인데이와 화이트데이, 블랙데이, 빼빼로데이 등이 그렇습니다.

2월 14일 밸런타인데이에는 보통 사랑하는 사람끼리 선물이나 카드를 주고받는데 한국에서는 좀 다릅니다. 밸런타인데이에 여자는 좋아하는 남자에게 초콜릿을 선물로 줍니다. 그리고 초콜릿을 받은 남자는 3월 14일에 여자에게 사탕을 선물합니다. 이 날이 바로 화이트데이입니다. 그래서 밸런타인데이와 화이트데이에는 초콜릿 상자나 사탕 바구니를 들고 있는 연인들을 곳곳에서 볼 수 있습니다. 밸런타인데이와 화이트데이는 연인들을 위한 날이지만 이 날 직장 동료나 친구들에게 초콜릿이나 사탕을 주기도 합니다.

그리고 연인이 없는 사람을 위한 날도 있습니다. 바로 4월 14일 블랙데이입니다. 블랙데이는 연인이 없는 사람들끼리 짜장면을 먹는 날입니다. 검은색 음식인 짜장면을 먹으며 외롭고 우울한 마음을 달랜다는 뜻일 겁니다.

한편 숫자와 관련해서 생긴 기념일도 있습니다. 11월 11일 빼빼로데이가 그렇습니다. 이 날은 친구나 연인들이 '빼빼로'라는 과자를 주고받는 기념일인데 숫자1이 길쭉한 빼빼로 모양을 닮은 데서 유래한 것입니다. 이 외에 삼겹살과 발음이 비슷해서 삼겹살을 먹는다는 3월 3일 삼겹살데이도 있습니다.

Estimated reading time : 1 minute 47 seconds

Record how long it took for you to read!

First Reading	minute(s)	second(s)
Second Reading	minute(s)	second(s)
Third Reading	minute(s)	second(s)

APPENDIX

Answers

English Translations

Explanations in Korean

Hangeul Table

Reading Numbers

Index

Answers

Part I
BASIC KOREAN PRONUNCIATION

① Vowels 모음

▶ **Monophthongs**

1. (1) ⓒ (2) ⓑ (3) ⓐ (4) ⓐ
   (5) ⓒ (6) ⓐ (7) ⓒ (8) ⓑ
   (9) ⓐ (10) ⓑ

2. (1) ✓ [left] (2) ✓ [right]
   (3) ✓ [left] (4) ✓ [middle]
   (5) ✓ [middle]

▶ **Diphthongs 1**

1. (1) ⓑ (2) ⓒ (3) ⓐ
   (4) ⓐ (5) ⓒ

2. (1) X (2) O (3) O
   (4) O (5) X

▶ **Diphthongs 2**

1. (1) ⓒ (2) ⓐ (3) ⓑ
   (4) ⓐ (5) ⓒ

2. (1) 와 (2) 의 (3) 외
   (4) 워 (5) 위

② Consonants 자음

▶ **Basic Consonants**

1. (1) ⓐ (2) ⓑ (3) ⓒ
   (4) ⓐ (5) ⓒ

2. (1) O (2) X (3) X
   (4) O (5) O

3. (1) ㄱ (2) ㄹ (3) ㅊ
   (4) ㅋ (5) ㅅ

▶ **Consonant Blends**

1. (1) ⓑ (2) ⓐ (3) ⓑ
   (4) ⓒ (5) ⓐ

2. (1) O (2) X (3) X
   (4) O (5) O

▶ **Comparison of the Force behind Consonant Sounds**

1. (1) X (2) O (3) O
   (4) X (5) O

2. (1) ⓑ (2) ⓐ (3) ⓒ (4) ⓑ
   (5) ⓐ (6) ⓑ (7) ⓒ (8) ⓐ
   (9) ⓑ (10) ⓒ

3. (1) 빼 (2) 찌 (3) 파
   (4) 끼 (5) 싸

③ Final Consonants 받침

1. (1) X (2) X (3) O (4) X
   (5) X (6) O (7) O (8) X
   (9) O (10) O

2. (1) ⓒ (2) ⓑ (3) ⓐ (4) ⓐ
   (5) ⓒ (6) ⓑ (7) ⓒ (8) ⓐ
   (9) ⓑ (10) ⓐ

3. (1) ⓖ (2) ⓓ (3) ⓒ (4) ⓔ
   (5) ⓐ (6) ⓕ (7) ⓑ (8) ⓖ
   (9) ⓕ (10) ⓒ

❹ Liaison 연음

1. (1) O (2) X (3) O (4) O
   (5) X (6) O (7) X (8) O
   (9) X (10) X

2. (1) ⓑ (2) ⓐ (3) ⓑ (4) ⓐ
   (5) ⓑ (6) ⓑ (7) ⓑ (8) ⓐ
   (9) ⓑ (10) ⓐ

3. (1) ⓑ (2) ⓒ (3) ⓐ (4) ⓑ
   (5) ⓒ (6) ⓐ (7) ⓑ (8) ⓒ
   (9) ⓐ (10) ⓑ

Part II
PRONUNCIATION RULES

❶ Aspirated Consonants: 축하 [추카]

1. (1) X (2) O (3) X (4) O
   (5) X (6) O (7) O (8) X
   (9) O (10) O

2. (1) ⓑ (2) ⓐ (3) ⓑ (4) ⓐ
   (5) ⓐ (6) ⓑ (7) ⓑ (8) ⓐ
   (9) ⓑ (10) ⓐ

3. (1) ⓐ, ⓑ (2) ⓑ (3) ⓐ, ⓑ
   (4) ⓐ (5) ⓐ

4. (1) ⓓ (2) ⓐ
   (3) ⓑ (4) ⓒ

❷ Elimination of ㅎ Pronunciation: 괜찮아요 [괜차나요]

1. (1) X (2) O (3) O (4) X
   (5) X (6) O (7) X (8) X
   (9) O (10) O

2. (1) ⓐ (2) ⓑ (3) ⓐ (4) ⓑ
   (5) ⓑ (6) ⓐ (7) ⓐ (8) ⓑ

3. (1) ⓐ, ⓑ (2) ⓐ, ⓑ (3) ⓑ
   (4) ⓑ (5) ⓐ, ⓑ

4. (1) ⓒ (2) ⓓ (3) ⓐ (4) ⓑ

❸ Fortis Articulation: 식당 [식땅]

1. (1) X (2) O (3) X (4) O
   (5) O (6) X (7) X (8) O
   (9) O (10) X

2. (1) ⓑ (2) ⓐ (3) ⓑ (4) ⓑ
   (5) ⓑ (6) ⓐ (7) ⓑ (8) ⓐ
   (9) ⓑ (10) ⓐ

3. 요즘 감기에 걸린 사람이 〈많습니다〉. 저도 감기에 걸려서 오늘은 〈학교에 가지 못했습니다〉. 갑자기 추워졌는데 매일 아침에 머리를 〈감고〉 말리지 않은 채로 학교에 가고 양말도 〈신지〉 않아서 감기에 걸린 것 〈같습니다〉. 약국에 가서 감기약을 사고 과일도 조금 〈샀습니다〉. 감기에는 과일과 차가 〈좋습니다〉. 〈약도〉 먹고 차도 한 잔 〈마셨더니〉 졸려서 〈낮잠을 잤습니다〉. 저녁에는 〈숙제를〉 하고 텔레비전을 〈봤습니다〉. 내일 친구와 농구를 하기로 〈약속했는데〉 할 수 있을지〈모르겠습니다〉.

4. (1) ⓐ (2) ⓒ (3) ⓓ (4) ⓑ

❹ Palatalization: 같이 [가치]

1. (1) X (2) O (3) X (4) O
   (5) X (6) X (7) X (8) X
   (9) X (10) O

2. (1) ⓑ (2) ⓐ (3) ⓐ (4) ⓑ
   (5) ⓑ (6) ⓐ (7) ⓑ (8) ⓐ
   (9) ⓑ (10) ⓐ

3. (1) ⓐ (2) ⓒ (3) ⓑ (4) ⓓ

Appendix 257

4. 오늘은 맑고 햇볕이 강한 날입니다. 대문은 열려 있고 바깥에는 옥수수밭이 보입니다. 미닫이문은 열려 있고 창문은 닫혀 있습니다. 아버지와 둘째는 같이 청소를 하고 있고 막내는 책을 읽고 있습니다. 그리고 맏이는 벽에 가훈을 붙이고 있습니다.

❺ Nasalization ①: 박물관 [방물관]

1. (1) O (2) X (3) X (4) O
   (5) O (6) O (7) X (8) X
   (9) O (10) X

2. (1) ⓑ (2) ⓐ (3) ⓑ (4) ⓑ
   (5) ⓑ (6) ⓐ (7) ⓐ (8) ⓐ
   (9) ⓑ (10) ⓐ

3. (1) ⓑ (2) ⓐ (3) ⓑ (4) ⓑ
   (5) ⓑ (6) ⓐ (7) ⓒ (8) ⓑ
   (9) ⓑ (10) ⓐ

4. (1) ⓒ (2) ⓐ (3) ⓓ (4) ⓑ

❻ Nasalization ②: 정류장 [정뉴장]

1. (1) X (2) O (3) O (4) X
   (5) O (6) O (7) X (8) O
   (9) O (10) X

2. (1) ⓑ (2) ⓐ (3) ⓐ (4) ⓑ
   (5) ⓐ (6) ⓐ (7) ⓑ (8) ⓑ
   (9) ⓑ (10) ⓑ

3. (1) ⓐ (2) ⓒ (3) ⓓ (4) ⓑ

❼ Nasalization ③: 대학로 [대항노]

1. (1) X (2) X (3) O (4) O
   (5) O (6) X (7) O (8) O
   (9) X (10) O

2. (1) ⓑ (2) ⓑ (3) ⓑ (4) ⓑ
   (5) ⓐ (6) ⓑ (7) ⓑ (8) ⓐ
   (9) ⓑ (10) ⓐ

3. (1) ⓑ (2) ⓐ (3) ⓓ (4) ⓒ

❽ Liquidization: 설날 [설랄]

1. (1) X (2) O (3) O (4) X
   (5) O (6) O (7) X (8) O
   (9) X (10) O

2. (1) ⓑ (2) ⓑ (3) ⓐ (4) ⓑ
   (5) ⓐ (6) ⓑ (7) ⓑ (8) ⓑ
   (9) ⓐ (10) ⓑ

3. (1) ⓐ (2) ⓑ (3) ⓑ
   (4) ⓑ (5) ⓑ

4. (1) ⓓ (2) ⓒ (3) ⓐ (4) ⓑ

❾ Addition of ㄴ: 시청역 [시청녁]

1. (1) X (2) X (3) O (4) X
   (5) O (6) O (7) X (8) X
   (9) O (10) O

2. (1) ⓑ (2) ⓑ (3) ⓐ (4) ⓐ
   (5) ⓑ (6) ⓑ (7) ⓐ (8) ⓑ
   (9) ⓐ (10) ⓑ

3.
옆에	깻잎	솥이	십육	십이
식용유	지하철이	소독약	꽃잎	옷에
안국역	색연필	꽃밭이	일본 요리	숲 옆
맏이	앞에	바깥일	노는 애	붙여

(circled: 깻잎, 십육, 식용유, 소독약, 꽃잎, 안국역, 일본 요리, 숲 옆, 바깥일)

4. (1) ⓓ (2) ⓑ (3) ⓒ (4) ⓐ

English Translations

Part II
PRONUNCIATION RULES

❶ Aspirated Consonants: 축하 [추카]

Minho	Happy birthday, Fei. These are for you.
Fei	Wow, thank you. The flowers smell good.
Minho	They reminded me of you, so I got them.
Fei	Thank you. Do you want to grab dinner together and then go to a singing room?
Minho	Sounds great. Do you sing well, Fei?
Fei	Not so much. But I like hanging out in singing rooms. It's also nice because I can practice Korean.

❷ Elimination of ㅎ Pronunciation: 괜찮아요 [괜차나요]

Jiwon	Why do you look so upset? Is something wrong?
Fei	I lost my wallet on the way to school.
Jiwon	Oh, no. Did you have a lot of money in there?
Fei	No, I didn't have much cash, so that's okay. I reported my cards as lost, too. But there was a picture very dear to me that I carried in my wallet. I really want to get it back.
Jiwon	Don't worry about it too much. Whoever finds your wallet may return it to you.
Fei	I hope so.

❸ Fortis Articulation: 식당 [식땅]

Fei	Justin, are you going to eat lunch? Do you want to eat with me?
Justin	Yes. I'm so hungry because I skipped breakfast.
Fei	You usually eat breakfast, don't you?
Justin	Yes, but I woke up late today so didn't have time to eat breakfast. I didn't even wash my hair.
Fei	Do you want to go to the student cafeteria?
Justin	Sure. Let's hurry. If we go late, there will be nowhere to sit.

❹ Palatalization: 같이 [가치]

Justin	Do you think the bookstore is closed now?
Jiwon	It was closed at this time when I went before. Why?
Justin	I am thinking of buying a travel guide. I want to go to see the ocean with my friend. Where do you recommend?
Jiwon	Have you been to Jeongdongjin? It's famous for the spectacular view at sunrise.
Justin	Is that so? I think I'll go to Jeongdongjin.

❺ Nasalization ①: 박물관 [방물관]

Jiwon	Justin, is there anything fun to do? I'm bored.
Justin	Do you want to go to a museum after the Korean culture course is over?
Jiwon	Great. By the way, let's eat something before we go to the museum. I found a *matjib*.
Justin	*Matjib*? What is that?
Jiwon	A restaurant with delicious food is called a *matjib*.
Justin	You're very good at finding new restaurants to eat at! Let's go to eat then.

❻ Nasalization ②: 정류장 [정뉴장]

Justin	Where should we meet tomorrow?
Jiwon	Let's meet at the bus stop in front of school.
Justin	Okay. I will bring some sandwiches.
Jiwon	Then I will bring the drinks.

❼ Nasalization ③: 대학로 [대항노]

Justin	Jiwon, where do you live?
Jiwon	I live near the National Museum of Modern and Contemporary Art. What about you, Justin?
Justin	I used to live in Wangsimni but recently moved to an apartment in Daehangno.
Jiwon	Have you been to Naksan Park and Mural Village?
Justin	Yes, I have been to them. They were pretty.

❽ Liquidization: 설날 [설랄]

Minho	Seollal is next week. Do you have any plans?
Justin	Well, I'm not sure. What about you, Minho?
Minho	I am going to Jeonju with my friends.
Justin	Jeonju? Where is that?
Minho	It's a city in Jeolla-do that is famous for bibimbap and a traditional hanok village. Do you want to join us?
Justin	Sounds great. I'd love to go.

❾ Addition of ㄴ: 시청역 [시청녁]

Justin	There is a K-pop concert in front of City Hall Station on the 16th. Would you like to go with me?
Fei	What day is that day?
Justin	It's Saturday. Do you have time?
Fei	Well, I am going on a trip to Thailand on Sunday. I think I'll have a lot of work to do on that day.
Justin	Oh, I see. Have a safe trip.

Part III
READING PRACTICE

Colloquial Speech

① Volunteering 봉사 활동

President: All of you worked very hard volunteering for the past three days. Thanks to your help, our senior citizens will not have to shiver in the cold this winter. Oh, Justin, it must not have been easy as this was your first time delivering briquettes. Can you tell us what it was like?

Justin: I wasn't really interested in volunteering before. Um, I came because my Korean friend asked me to tag along. It was hard but fun, and I feel good, too. I might not have done something huge, but I'm happy that I was able to help senior citizens. At first, I wasn't used to this kind of work, so it was a bit hard, but I feel like time flew by on the last day. I'm sad to see it end. I hope I can participate in other volunteering activities if the opportunity arises in the future.

② Interview 1 – Job Seeker 취업 준비생

Interviewer: Let's meet with someone currently looking for a job. Why do you think it is so hard to find a job?

Kim Haebin: There aren't many places that hire new employees. Not really. Most companies hire people with experience. There are only a few good jobs, so the competition is that much more cutthroat. I'm a senior in college now, and I have applied to… How many was it? About 36 companies? I got rejected by all of them. I'm still only applying to big companies. Large companies have much better conditions, and the salaries are significantly different from those at small or medium companies. I think people try to get a good job from the get-go, which makes the process take longer. Then, that leads to a lot more people giving up looking for a job. With youth unemployment continuing to rise, I'm really worried.

③ *The Host* 영화 '괴물'

Minho: Wow, the weather is nice. I'm reminded of the movie *The Host* since we are at the Han River. They shot it here.

Fei: What is the movie about?

Minho: It came out in 2005 or 2006. People are sitting about like this when a monster emerges from under that bridge. Everyone is scared and runs away. Some get trampled by the monster. It's chaos. The main character's family also runs off, but the daughter is taken by the monster. So the family tries to find and rescue her and kills the monster.

Fei: Wow, that sounds fun. Does the monster appear from over there?

Minho: Yes. I saw an interview with the director, and he said that he saw something that looked like a monster while passing by the Han River on a bus. And he decided that he would use the idea in his movie after he became a film director. Talking about it makes me want to watch it again.

❹ Nami Island 남이섬

Fei   You have been to Nami Island? I have been wanting to go, too. How was it?

Jiwon   It was wonderful. The scenery was beautiful, and it took less than 2 hours from Seoul. The fare was about 10,000 won, including the boat fare.

Fei   That's closer than I thought. Weren't there many people despite it being a weekday?

Jiwon   Yes, there were a lot. There were many foreigners. Tourists from China and Southeast Asia. I think the reason is that Korean dramas are popular these days. Nami Island became famous because of *Winter Sonata,* but that was already 10 years ago. Now there must be people visiting who are unaware of the drama. Still, there are pictures of the leads posted, and the place where they had their first kiss is still there. And, um, there's the pathway that often appears in films and dramas. The path is lined by trees on both sides. We took many awesome pictures there. My friend is very good at taking pictures.

❺ Stretching 스트레칭

Hello. Let's learn a few simple stretching poses today. If you sit at your desk all day long, then your muscles will feel all stiff. Staying in one position for a long period of time can cause pressure to joints and muscles and easily lead to shoulder or back pain. So, today, we will learn how to easily stretch your neck and shoulders while sitting in a chair. First, let's loosen up that stiff neck. While sitting in a chair, grab the chair with your left hand. Take your right hand and put it over your head. Pull your head with your right hand for 10 seconds, stretching the muscles in the neck. Make sure your left shoulder is level. Now, switch and do the same thing toward the left. Do 3 sets for 10 seconds each.

Next is loosening up the front part of the muscles in the neck. Link your hands together behind your neck. Relax your neck and slowly tilt your head backward. Make sure your hands stay put. Do 3 sets for 10 seconds each.

❻ Interview 2 – Film Director 영화감독

Reporter   Have you seen the film The Choice that is the talk of the town these days? Ticket sales have already surpassed 5 million. Let's meet director Park Juyoung, who has come back with a new film after 7 years. Hello, Mr. Park. Your film was wonderful.

Director   Thank you for your kind words.

Reporter   There are many films about baseball. Can you tell the viewers what message you wanted to get across with this movie?

Director   They say baseball and life are alike. It's not over till it's over, and you don't know how things will turn out until the very end. You also can't do it alone in baseball or in life. But I especially want to talk about the people in the background that quietly lend support so that others shine. Without such people, the team cannot win. This film is about those kinds of players. I also poured my love for Korean baseball since I am a huge fan.

❼ Gwangjang Market 광장시장

I'd like to recommend Gwangjang Market as a must-see place in Seoul. Famous tourist spots are good, too, but it's fun to walk around the market. Gwangjang Market is located in Jongno 5-ga. There's a lot of stuff once you walk inside. It's huge. I have seen many foreigners there, too, buying *hanbok* there. The market is well-known for *hanbok,* so there are many *hanbok* stores. But the most famous aspect of Gwangjang Market is the food. Mung-bean pancakes, "drug gimbab," and Korean-style raw beef are popular. There is a famous mung-bean pancake booth near the entrance. On weekends, you probably have to wait in a long line. It is hard to stay away from the savory smell of the mung-bean pancakes when you are inside the market. Also popular is "drug gimbab." Isn't the name funny? It is called that because it is addictive. They give you this mustard sauce to dip the gimbab in. That sauce is very delicious. If you like Korean-style raw beef, I recommend that you visit the market because there are many raw beef restaurants there.

⑧ Interview 3 – Job Interview 면접

Interviewer	I see that you studied law at university and have worked at a bank before.
Yun Jiwon	Yes. I majored in law at Silla University and worked on the legal team at Sehwa Bank for 6 years after graduation.
Interviewer	That is quite long. During that period, was there anything with yourself you felt you needed to improve? And if you are hired by this company, what will your mindset be like when you come to work?
Yun Jiwon	At my last job, I got a good evaluation from the beginning due to my skills. I thought I could do everything with my skills and believed I was the best. Often, I thought my ideas were better than those of my coworkers. But, working with others, I came to realize that I could not do it alone and that, most importantly, I needed to listen to other people's ideas. If I join this company, I will show good teamwork and cooperation with my coworkers.

⑨ Weather Forecast 일기 예보

Many of you must be spending sleepless nights due to the *tropical nights phenomenon. The heat has been unbearable day and night. For over 10 days, we have been experiencing sweltering heat. Today, the temperature in Pohang will go up to as high as 36, and Jeonju and Daegu will be up to 35° in the daytime. Seoul will be 31°, which is similar to yesterday.

There is currently a heavy rainfall warning for Jeju Island with approximately 30mm of heavy rain expected per hour. Please make the necessary preparations to avoid rain damage. It will be a clear day in Seoul with a brief shower in the afternoon. For the time being, we will experience clear but muggy weather nationwide. The heat will hit its peak over the weekend. The temperature in Seoul and the metropolitan area on Saturday is expected to go up to 34°. This is the weather forecast.

*열대야: A very hot night when the outside temperature is over 25 degrees Celsius

⑩ Counseling 상담

At this time, we will listen to what people have to say about their concerns. We have a lot of different issues today. Let's read our first story.

Hello. I am in my 20s, and I have a girlfriend that I've been seeing for 6 years. The issue that is plaguing me is exercise. My girlfriend is so into exercise that she works out almost every single day of the year. You might say that moderate exercise is healthy and ask why I am concerned about this. But she doesn't take care of herself. How bad is it? She exercised too much and injured her knee, but she still went on with her workout routine, saying she had to let it heal with exercise. She ended up not being able to walk for a month. It's not like she is overweight and has to lose weight. I once asked her why she exercises so much. She said she loves the toned muscles she gets from exercising. But I feel like she puts exercise before her boyfriend. We can't even go to eat good food when we're on a date. She eats only 100g of chicken breast and half of a sweet potato for dinner every day to maintain her figure. On days she is too busy to exercise, she often cancels our dates because she needs to use that time to work out. How do I deal with my girlfriend's obsession with exercise? Please help me.

> **Written Korean**

⑪ Coffee 커피

There is a statistic that says one adult Korean drinks over 500 350ml-sized cups of coffee a year. As evidenced by this statistic, the streets are flooded with multiple coffee shops.

When was coffee first consumed in Korea? It is reported that Emperor Gojong was the first Korean to drink coffee in 1896. At the time, coffee was only enjoyed by the gentry and nobility. After the Korean War, however, American soldiers brought instant coffee into the country, making coffee accessible to the general public. Instant coffee experienced steady popularity and saw a big surge in popularity when a Korean company released instant coffee sticks, making it convenient to drink coffee anywhere, anytime.

Koreans love not only instant coffee but also brewed coffee. In Korea, there is a region called Gangneung where coffee beans are grown. In Gangneung, there is a coffee museum, and a coffee festival is held every October. Anmok Beach in Gangneung is famous for its coffee street. There, people can enjoy the aroma of coffee beans being roasted and a variety of coffee while gazing out at the East Sea.

⑫ Korean Drama 한국 드라마

There are several plots that often appear in Korean dramas: a love story between a rich man and a poor woman, a love triangle, a car accident, memory loss, a terminal disease, and the secret behind one's birth are staples in many dramas. Some viewers complain that, although they are not against a good love story, the dramas end up having similar storylines despite being different genres and having different backdrops because of the heavy focus on romance. How do foreigners perceive Korean dramas? Non-Koreans say that eating *ramyeon* from the pot lid instead of a bowl, mixing rice in a big bowl and eating straight from it, and placing a spoon in a bottle to use it as a mike are funny and enjoyable. A bleeding nose due to exhaustion is something that is strange to foreigners because the meaning is not conveyed well.

In addition, many foreigners say the distinct features in almost all Korean dramas are the appearances of the main characters' parents and the portrayal of warmth and love with a strong focus on family.

⑬ *Pojangmacha* (Cart Bar) 포장마차

Pojangmacha, or cart bar, can be seen in various places around Seoul like Myeong-dong, Hongdae, Jongno, Wangsimni, and Yongsan. There are *pojangmachas* that sell snacks like *tteokbokki*, sundae, fritters, and fish cakes, and there are *pojangmachas* that sell alcohol as well as various foods that pair well with alcohol like raw octopus, chicken feet, tripe, *pajeon*, and noodles.

Pojangmachas often appear in Korean films and dramas as places to go with your coworkers after work to enjoy some warm soup and to fight off the cold or to drown your sorrows in a drink.

Pojangmachas first emerged after the 1950s, selling soju and simple snacks. Most of them disappeared around the time of the 1988 Seoul Olympics as part of the government's initiative to clean the streets, and then they mushroomed again in the late '90s during the financial crisis.

These days, a multitude of indoor *pojangmacha*, named *pocha*, have emerged. These may be representations of the old '70s- and '80s-themed cart bars or actual *pojangmachas* that are placed indoors.

⑭ *Patbingsu* 팥빙수

When Koreans are asked what their favorite summer food is, *patbingsu*, or red bean ice dessert, always makes the list. The fact that most coffee shops start selling *patbingsu* when summer comes around is solid proof that this dessert is indeed popular.

The cool ice and the sweetness of the red beans of *patbingsu* combine well helping stave off the summer heat. Some versions have rice cake, jelly, and ice cream on top, adding more flavor to the dessert. Recently, many different *bingsu* shops have launched distinctive and unique versions of *bingsu* to stay trendy, which some have dubbed the "*bingsu* war." The main ingredients used to be ice and red beans, but now, to keep up with the times, *bingsu* made with various ingredients, including fruit, green tea, coffee, and chocolate, have emerged, whetting people's appetites. "Snowflake *bingsu*," made with frozen milk instead of ice, is hugely popular as it has a soft texture and melts well inside the mouth.

Patbingsu, loved regardless of age or gender, can now be enjoyed in the cold winter and not just in summer thanks to the emergence of *bingsu* shops. Foreigners visiting Korea also like to stop by these *bingsu* shops. *Bingsu* shops that have opened overseas are gaining popularity as well.

⑮ Military 군대

There is a funny saying in Korea that Korean women dislike the following 3 stories in the order of least to most: stories about the military, stories about soccer and stories about playing soccer in the military. Women are bored by accounts by men while they were enlisted, but men bring up stories that start like "when I was in the military" whenever the mood strikes.

Every healthy and able Korean man has the obligation to protect the country and his loved ones. One can enlist starting at the legal age of 19 and may postpone enlistment until the age of 30 due to reasons such as studying. Once enlisted, soldiers receive basic training over a 5-week period and are then assigned to a post. The service period is 21 months for the Army, 23 months for the Navy, and 24 months for the Air Force. Soldiers in the Marine Corps, which is part of the Navy, are trained to fight on both land and sea. Because it is not easy to be accepted into the Marines and because of the grueling training, those that are discharged from the Marines carry great pride.

Nowadays, the popularity of *Hallyu*, or the Korean Wave, stars has led to not only Korean fans but fans from overseas appearing at the places where celebrities enlist or get discharged from service. Male celebrities who are enlisting are anxious that the public might forget them. There are cases, however, in which their popularity rises when they join the military thanks to the image of soldiers being manly and strong.

⑯ Cheering for Baseball 야구 응원 문화

When at a baseball stadium, Koreans do not sit quietly and watch the game but participate in cheering, eat snacks, and have a fun time watching the game. What is unique are the cheer songs sung together. Passionate baseball fans sing along to all the songs for their team and players. Fans are busy cheering during the game and are entertained by events like dance-offs and kiss time during the break when the offensive and defensive teams switch. The time spent at a baseball game is rarely boring.

Among many cities, Busan's love of baseball is especially well known. There is even a joke that there is freedom of religion in Busan but no freedom to choose one's baseball team. The spectators shout cheers in their dialect, wear an orange plastic bag on their heads, and wave flower petals folded from a newspaper. The love for the Lotte Giants, Busan's home team, is evident in the people's behavior.

Whether you are a fan of baseball or not, going to a game where there is lots to see and eat, cheering good naturedly, and eating good food will be an unforgettable experience.

⑰ Chicken and Beer 치킨과 맥주

For several years now, people naturally think of beer when fried chicken is mentioned. The word *chimaek* (치맥), shortened for fried chicken(치킨) and beer(맥주), is now understood by many people. The combination of a cool beer and savory fried chicken is welcomed by many.

 Fried chicken is the number-one food that Koreans order for delivery. It is even said that the number of fried chicken restaurants nationwide reaches 30,000. Easily enjoyed anytime, anywhere fried chicken is also popular because it pairs well with beer. The savory regular fried chicken is delicious, too, but the seasoned chicken that emerged in the 1980s is similarly popular. The spicy but sweet *gochujang*-based sauce enthralled the nation.

The culture of eating chicken and drinking beer is embraced by foreigners as well. Many foreign students in Korea name *chimaek* as indelible and enjoyable among food cultures in Korea. In the highly rated drama *My Love from the Star*, the female lead eats fried chicken and drinks beer, displaying her fondness for *chimaek*. The drama's popularity even led to a *chimaek* craze oversea.

⑱ A Man Who Cooks 요리하는 남자

One of the changes in traditional views is the idea that men work outside while women keep house. Cooking, among many other household chores, was strongly regarded as a woman's job, but nowadays there are many men on TV that cook, and an increasing number of people think a man that cooks is attractive.

In the past, most TV shows had female chefs explaining recipes or food-related tips or had celebrities going to tasty restaurants. These days, however, there is a lot more variety to such shows. A man that looks like your friendly next-door neighbor is on TV cooking home-made food with familiar ingredients, or male chefs are making beautiful dishes. In dramas, there are more scenes where men cook as well. This has led to an increased interest in cooking as a profession.

It used to be that people aspiring to be cooks or women soon to be married took cooking lessons, but nowadays men in their 30s to 60s are learning how to cook. The marked change comes from fathers. The fathers who used to think they could just be hardworking are now making attempts to express their love and be closer to their family by cooking. Cooking is no longer just a woman's job but something ordinary that both men and women do.

⑲ *Ajumma* Perm 아줌마 파마

Foreigners who see several middle-aged Korean women wonder why they all have the same hairstyle. Unquestionable, there are many middle-aged or senior women with the short perm called the "*ajumma* perm" in Korea.

The perm was first introduced in Korea in 1937. It has undergone a great deal of technical development and has grown in variety. There are many perm styles, but the *ajumma* perm is indeed the one that has long been favored in Korea.

 The biggest advantage of the *ajumma* perm is that one does not have to frequent a hair salon. If done so that the hair is curled to its maximum extent, the style can be maintained for as long as 6 months to a year, meaning money is saved. The *ajumma* perm also makes one's hair look fuller, making it popular with elderly people, and is easy to style.

The frugal mothers of old times chose the *ajumma*

perm for their hairdo. Young housewives these days, however, do not insist on the *ajumma* perm. They care more about their appearance and choose a hairstyle that meets their preference. In a few years, the term "*ajumma* perm" may no longer be around.

⑳ Day Culture 데이 문화

In Korea, there are special days that are not indicated on the calendar. Examples are Valentine's Day, White Day, Black Day, and Pepero Day.

On Valentine's Day on February 14, loved ones exchange gifts or cards, but this is not the case in Korea. On Valentine's Day, a woman gives chocolate to the man she likes. The man who receives chocolate gives the woman candy on March 14. This is White Day. On Valentine's Day and White Day, couples holding a chocolate gift box or candy basket can easily be seen everywhere. These days may be for couples, but some give chocolate or candy to their coworkers and friends.

There is a day dedicated to single people as well. That is Black Day on April 14. On Black Day, singles get together to eat *jajangmyeon*, or black-bean-sauce noodles. The idea is that people feeling lonely and melancholic console themselves while eating black *jajangmyeon*.

Meanwhile, there are even days related to numbers. One example is Pepero Day on November 11. On this day, friends and couples exchange a snack called Pepero. The snack's long shape resembles the number 1. There is also *Samgyeopsal* Day on March 3, when you eat *samgyeopsal*, or pork belly, which originated from the notion that the pronunciation of *samgyeopsal* is similar to that of the date.

Explanations in Korean

An Overview of Korean Pronunciation

▶ **Vowels and Consonants of Korean**
한국어의 모음과 자음

우리가 말을 하기 위해 소리를 낼 때는 폐에서 올라온 공기가 발음 기관을 거쳐 입이나 코로 빠져 나갑니다. 이런 소리는 발음을 할 때 공기의 흐름이 방해를 받는지에 따라서 모음과 자음으로 나눌 수 있습니다.

모음

모음은 발음할 때 공기의 흐름이 방해를 받지 않고 나는 소리입니다. 한국어의 모음은 다음과 같이 단모음 10개, 이중 모음 11개로 구성되어 있습니다. 모음 p.20

단모음: ㅏ, ㅓ, ㅗ, ㅜ, ㅡ, ㅣ, ㅔ, ㅐ, ㅚ, ㅟ
이중 모음: ㅑ, ㅕ, ㅛ, ㅠ, ㅖ, ㅒ, ㅘ, ㅝ, ㅙ, ㅞ, ㅢ

Wait!
〈표준발음법〉 제4항에서는 ㅚ, ㅟ를 이중 모음으로 발음할 수 있다고 언급되어 있으며, 이 책의 기본편 〈모음〉에서는 ㅚ, ㅟ를 이중 모음 파트에 넣어서 단모음 8개, 이중모음 13개로 소개하였습니다.

모음의 소리는 혀의 높이, 혀의 전후 위치, 입술의 모양 등에 따라 달라집니다.

자음

자음은 발음하는 과정에서 공기의 흐름이 발음 기관에 의해 방해를 받으면서 나는 소리입니다. 한국어의 자음은 다음과 같이 19개로 이루어져 있습니다.

ㄱ, ㄲ, ㄴ, ㄷ, ㄸ, ㄹ, ㅁ, ㅂ, ㅃ, ㅅ, ㅆ, ㅇ, ㅈ, ㅉ, ㅊ, ㅋ, ㅌ, ㅍ, ㅎ

자음의 소리는 소리가 만들어지는 발음 기관의 위치, 소리를 내는 방법, 소리의 울림 등에 따라 달라집니다. 자음 p.33

▶ **Syllable Formation in Korean** 한국어의 음절 구성

음절(syllable)은 발음할 때 한 번에 낼 수 있는 소리의 단위입니다. 한국어의 음절은 다음과 같이 구성됩니다.

모음(V): 아
자음 + 모음(C + V): 가
모음 + 자음(V + C): 악
자음 + 모음 + 자음(C + V + C): 각

한국어의 음절은 반드시 모음이 있어야 하기 때문에 자음 + 자음 + 자음은 음절이 될 수 없습니다.

▶ **Phonological Alterations in Korean**
한국어의 음운 변동

소리와 소리가 만날 때 서로 영향을 받아서 소리가 바뀌기도 합니다. 발음을 쉽게 하거나 더 명확하게 하기 위해서 한국어에서는 다음과 같은 음운 변동이 일어납니다.

교체: 한쪽의 음운이 다른 쪽 음운의 성질을 닮는 현상
　　비음화 ①: 박물관 [방물관] p.92
　　비음화 ②: 정류장 [정뉴장] p.100
　　비음화 ③: 대학로 [대항노] p.106
　　유음화: 설날 [설랄] p.112
　　경음화: 식당 [식땅] p.76
　　구개음화: 같이 [가치] p.86

탈락: 두 음운이 만날 때 둘 중 어느 하나가 없어지는 현상
　　ㅎ발음 탈락: 괜찮아요 [괜차나요] p.70

축약: 두 음운이 하나의 음운으로 줄어드는 현상
　　격음화: 축하 [추카] p.62

첨가: 다른 소리가 덧붙어서 없던 음운이 새로 생기는 현상
　　ㄴ첨가: 시청역 [시청녁] p.120

Part I
BASIC KOREAN PRONUNCIATION

① Vowels 모음

한국어의 모음은 21개로 단모음과 이중 모음으로 나눌 수 있는데 이중 모음은 두 개의 단모음이 결합되어 만들어진 것입니다. 모음의 모양은 하늘을 상징하는 '·', 땅을 상징하는 'ㅡ', 사람을 상징하는 'ㅣ'의 조합으로 만든 것입니다.

모음은 혼자서 발음될 수 있고 혼자서 음절을 만들 수 있습니다. 그렇지만 글자로 모음만 쓸 때는 모음 앞에 자음 'ㅇ'을 써 주는데 이때 사용되는 'ㅇ'은 소리가 없습니다.

▶ **Monophthongs** 단모음

단모음은 8개로 'ㅏ, ㅓ, ㅗ, ㅜ, ㅡ, ㅣ, ㅔ, ㅐ'입니다. 단모음은 발음을 시작할 때의 입 모양과 끝날 때의 입 모양이 바뀌지 않습니다.

ㅏ: 입을 크고 둥글게 벌리고 혀는 이에 닿지 않은 채로 발음합니다.

ㅓ: 'ㅏ'보다 입을 조금 덜 벌립니다. 턱은 살짝 위로 올리고 입은 내밀지 않습니다.

ㅗ: 입술을 앞으로 내밀며 둥글게 모읍니다. 집게손가락을 세워서 입술 1cm 앞에 놓았을 때 입술이 손가락에 닿습니다.

ㅜ: 입 모양은 'ㅗ'와 비슷하지만 턱이 'ㅗ'보다 조금 더 올라갑니다.

ㅡ: 'ㅜ'를 발음할 때보다 입을 양 옆으로 길게 벌립니다. 입술이 앞으로 나오지 않습니다. 입술을 옆으로 길게 한 상태에서 혀는 이에 닿지 않은 채로 발음합니다.

- ㅣ: 입 모양은 'ㅡ'와 비슷하지만 턱을 조금 더 아래로 내린 상태에서 혀를 아랫니에 살짝 대고 발음합니다.
- ㅔ: 'ㅣ'의 입 모양보다 입을 더 벌리고 턱을 더 아래로 내립니다.
- ㅐ: 'ㅔ'와 비슷한 발음이지만 'ㅔ'보다 입을 더 크게 벌립니다. 턱을 더 아래로 내리고 'ㅔ'보다 짧게 발음합니다.

> **Wait!**
> 모음 'ㅔ'와 'ㅐ'의 발음은 들을 때는 크게 구별되지 않지만 글자로 쓸 때는 구별을 해야 합니다.

단모음의 발음 비교

단모음은 입술의 모양과 혀의 위치, 입이 벌어지는 정도에 따라 비교해서 살펴볼 수 있습니다.

● 입술 모양에 따른 비교

으와 **우**: 'ㅡ'는 입술을 옆으로 길게 벌리고, 'ㅜ'는 입술을 둥글게 하고 발음합니다. 'ㅜ'를 발음할 때는 'ㅡ'를 발음할 때보다 입술이 앞으로 나옵니다.

어와 **오**: 'ㅓ'는 'ㅗ'보다 입을 더 많이 벌리고 발음합니다. 그리고 'ㅗ'는 'ㅓ'보다 입술을 둥글게 하고 발음합니다. 'ㅗ'를 발음할 때는 'ㅓ'를 발음할 때보다 입술이 앞으로 나옵니다.

● 입이 벌어지는 정도에 따른 비교

'ㅣ', 'ㅔ', 'ㅐ'를 발음할 때, 'ㅡ', 'ㅓ', 'ㅏ'를 발음할 때, 'ㅜ', 'ㅗ'를 발음할 때 턱이 점점 내려가며 입이 크게 벌어집니다.

● 혀의 위치에 따른 비교

'ㅣ', 'ㅡ', 'ㅜ'를 발음할 때, 'ㅔ', 'ㅓ', 'ㅗ'를 발음할 때, 'ㅐ', 'ㅏ'를 발음할 때 혀의 위치가 점점 뒤로 갑니다.

> **발음 Tip!**
> **어**와 **오**: 'ㅓ'와 'ㅗ'는 발음할 때 입 안에서 혀의 위치나 높이가 비슷합니다. 하지만 입술 모양이 달라집니다. 'ㅗ'는 입술 모양이 둥글고 발음할 때 입술이 앞으로 나오지만 'ㅓ'는 'ㅗ'보다 입을 더 벌리고 발음하기 때문에 입술이 둥글게 되지 않습니다. 'ㅗ'를 발음할 때 입술에 손가락을 댄 후 그 상태에서 'ㅓ'를 발음하면 입술이 손가락에서 살짝 떨어지는 것을 알 수 있습니다.
>
> **오**와 **우**: 'ㅗ'와 'ㅜ'를 발음할 때의 입술 모양은 둥근 모양으로 같지만 발음할 때 턱의 위치가 다릅니다. 'ㅜ'를 발음하면서 턱 아래에 손등을 댑니다. 그 상태에서 'ㅗ'를 발음해 보면 턱이 더 내려가는 것을 알 수 있습니다.

▶ **Diphthongs 1** 이중 모음 1

이중 모음은 두 개의 단모음이 결합된 모음으로 발음을 시작할 때의 입 모양과 발음이 끝날 때의 입 모양이 다릅니다. 이중 모음 'ㅑ, ㅕ, ㅛ, ㅠ, ㅖ, ㅒ'는 모음 'ㅣ'와 다른 모음이 결합되어 나는 소리로 'ㅣ'에서 시작해서 빠르게 다음 모음으로 이어서 발음합니다. 이때 이중 모음이 발음되는 시간은 단모음이 발음되는 시간과 거의 같으므로 두 개의 소리로 발음하지 않도록 주의해야 합니다.

- ㅑ: 입 모양은 'ㅣ'에서 시작해서 빠르게 'ㅏ'로 이어서 발음합니다.
- ㅕ: 입 모양은 'ㅣ'에서 시작해서 빠르게 'ㅓ'로 이어서 발음합니다. 'ㅕ'는 발음이 끝날 때 입술이 앞으로 나오지 않습니다.
- ㅛ: 입 모양은 'ㅣ'에서 시작해서 빠르게 'ㅗ'로 이어서 발음합니다. 'ㅛ'는 발음이 끝날 때 입술이 앞으로 나옵니다.
- ㅠ: 입 모양은 'ㅣ'에서 시작해서 빠르게 'ㅜ'로 이어서 발음합니다. 'ㅜ' 더 길게 발음합니다. 'ㅛ'보다 입술을 조금 더 내밀고 턱은 조금 더 올라갑니다.
- ㅖ: 입 모양은 'ㅣ'에서 시작해서 빠르게 'ㅔ'로 이어서 발음합니다.
- ㅒ: 입 모양은 'ㅣ'에서 시작해서 빠르게 'ㅐ'로 이어서 발음합니다.

> **발음 Tip!**
> **여**와 **요**: 'ㅕ'와 'ㅛ'는 발음할 때 입 안에서 혀의 위치나 높이가 비슷합니다. 하지만 입술 모양이 달라집니다. 'ㅛ'는 입술 모양이 둥글고 발음할 때 입술이 앞으로 나오지만 'ㅕ'는 'ㅛ'보다 입을 더 벌리고 발음하기 때문에 입술이 둥글게 되지 않습니다. 'ㅛ'를 발음할 때 입술에 손가락을 댄 후 그 상태에서 'ㅕ'를 발음하면 입술이 손가락에서 살짝 떨어지는 것을 알 수 있습니다.
>
> **요**와 **유**: 'ㅛ'와 'ㅠ'를 발음할 때의 입술 모양은 둥근 모양으로 같지만 발음할 때 턱의 위치가 다릅니다. 'ㅠ'를 발음하면서 턱 아래에 손등을 댑니다. 그 상태에서 'ㅛ'를 발음해 보면 턱이 더 내려가는 것을 알 수 있습니다.

> **Wait!**
> - 이중 모음 'ㅖ'와 'ㅒ'의 발음은 들을 때는 크게 구별되지 않지만 글자로 쓸 때는 구별을 해야 합니다.
> - 이중 모음 'ㅖ'는 'ㅇ', 'ㄹ' 이외의 자음과 만나게 되면 [ㅔ]로 발음하기도 합니다.
>   (예) 시계 [시계/시게] 계시다 [계시다/게시다]
>   예우 [예우]   차례 [차례]
> - 이중 모음 'ㅕ'는 자음 'ㅈ, ㅉ, ㅊ'과 만나면 'ㅓ'로 발음합니다. 글자로 쓸 때는 '져, 쪄, 쳐'이지만 발음은 [저], [쩌], [처]가 됩니다.

▶ **Diphthongs 2** 이중 모음 2

이중 모음 'ㅘ, ㅙ, ㅚ, ㅝ, ㅞ, ㅟ, ㅢ'는 모음 'ㅗ'와 다른 모음이 결합된 소리, 'ㅜ'와 다른 모음이 결합된 소리, 'ㅡ'와 'ㅣ'가 결합된 소리로 이루어져 있습니다. 발음을 시작할 때와 끝날 때의 입 모양이 다르며 이때 이중 모음이 발음되는 시간은 단모음이 발음되는 시간과 거의 같으므로 두 개의 소리로 발음되지 않도록 주의해야 합니다.

- ㅘ: 입 모양은 'ㅗ'를 발음할 때의 모습으로 시작해서 'ㅗ'를 짧게 발음하고 바로 이어서 'ㅏ'를 발음합니다.
- ㅙ: 입 모양은 'ㅗ'를 발음할 때의 모습으로 시작해서 'ㅗ'를 짧게 발음하고 바로 이어서 'ㅐ'를 발음합니다.
- ㅚ: 입 모양은 'ㅗ'를 발음할 때의 모습으로 시작해서 'ㅗ'를 짧게 발음하고 바로 이어서 'ㅔ'를 발음합니다.
- ㅝ: 입 모양은 'ㅜ'를 발음할 때의 모습으로 시작해서 'ㅜ'를 짧게 발음하고 바로 이어서 'ㅓ'를 발음합니다.
- ㅞ: 입 모양은 'ㅜ'를 발음할 때의 모습으로 시작해서 'ㅜ'를 짧게 발음하고 바로 이어서 'ㅔ'를 발음합니다.
- ㅟ: 입 모양은 'ㅜ'를 발음할 때의 모습으로 시작해서 'ㅜ'를 짧게 발음하고 바로 이어서 'ㅣ'를 발음합니다.
- ㅢ: 입 모양은 'ㅡ'를 발음할 때의 모습으로 시작해서 'ㅡ'를 짧게 발음하고 바로 이어서 'ㅣ'를 발음합니다. 다른 이중 모음과 달리 발음 시작과 끝의 입 모양이 거의 변하지 않습니다.

> **Wait!**
> - 이중 모음 'ㅐ', 'ㅔ', 'ㅚ'의 발음은 들을 때는 구별되지 않지만 글자로 쓸 때는 구별해야 합니다.
> - 이중 모음 'ㅢ'는 사용하는 위치에 따라 발음이 달라집니다. 첫 번째 음절에서는 항상 [의]로 발음하지만, 두 번째 이후의 음절에서는 [의]나 [이]로 발음합니다. 또한 조사 '의'의 경우에는 [에]로 발음합니다.
>   (예) 의아 [의아]   의의 [의의/의이]   아이의 우유 [아이에우유]
> - 이중 모음 'ㅢ'는 자음과 같이 쓰일 때는 [이]로 발음합니다.
>   (예) 희다 [히다]   무늬 [무니]

❷ Consonants 자음

한국어의 자음은 총 19개이며 혼자 쓰일 수 없고 음절을 만들려면 모음과 함께 써야야 합니다. 19개의 자음 중 기본 글자인 'ㄱ, ㄴ, ㅁ, ㅅ, ㅇ'은 각 자음을 발음할 때 중요한 역할을 하는 발음 기관의 모습을 본떠서 만들어졌습니다. 'ㄱ, ㄴ, ㅅ'은 해당 자음을 발음할 때 혀가 닿는 모양을 본떠 만들었습니다. 'ㅁ'은 '口'을 발음할 때의 입 모양을 본떠서 만들었으며 'ㅇ'은 목구멍의 모양을 본떠서 만들었습니다.
그리고 이 5개의 기본 자음에 획을 더하여 나머지 자음들을 만들게 되었습니다. 예를 들어 자음 'ㄷ'은 자음 'ㄴ'과 같은 발음 기관을 사용해서 입 안의 같은 위치에서 발음되는데 이때 'ㄷ'이 'ㄴ'보다 소리가 조금 더 강합니다. 그래서 'ㄴ'에 획을 하나 더하여 'ㄷ'을 만들게 되었습니다.

▶ Basic Consonants 기본 자음

자음은 크게 기본 자음과 겹자음으로 나눌 수 있습니다. 기본 자음은 'ㄱ, ㄴ, ㄷ, ㄹ, ㅁ, ㅂ, ㅅ, ㅇ, ㅈ, ㅊ, ㅋ, ㅌ, ㅍ, ㅎ' 14개입니다.

ㄱ : 혀 뒷부분을 올려 입천장 뒤쪽을 막았다가 떼면서 공기를 약하게 천천히 내보내며 소리를 냅니다. [k]와 비슷한 소리입니다. 'ㄱ'은 모음 사이에서는 [g]와 비슷한 소리로 발음됩니다.

ㄴ : 혀끝을 윗니 뒤쪽 잇몸에 살짝 대었다가 떼며 내는 소리입니다. [n]과 비슷한 소리입니다. 공기가 코를 통과해서 나는 콧소리입니다.

ㄷ : 혀끝을 윗니 뒤쪽 잇몸에 대었다가 떼며 내는 소리입니다. [t]와 비슷한 소리입니다. 혀로 입안의 통로를 막았다가 열어서 공기를 약하게 천천히 내보내면서 소리를 냅니다. 'ㄴ'처럼 혀끝이 윗니 뒤쪽 잇몸에 닿았다가 떨어지며 나는 소리이지만 'ㄴ'은 공기가 코를 통과해서 나오고 'ㄷ'은 입술로 나옵니다. 'ㄷ'은 모음 사이에 오면 [d]와 비슷한 소리로 발음됩니다.

ㄹ : 혀끝으로 윗니 조금 뒤쪽을 한 번만 가볍게 치면서 내는 소리입니다. 혀끝을 윗니 뒤쪽에 대었다가 바로 뗍니다. [l]과 비슷한 소리입니다. 'ㄹ'은 모음 사이에 오면 [r]과 비슷한 소리로 발음됩니다. 이때 영어의 r처럼 혀를 많이 말아서 발음하지 않도록 주의해야 합니다.

ㅁ : 두 입술이 붙었다 떨어지면서 나는 소리입니다. [m]과 비슷한 소리입니다. 'ㄴ'과 같이 공기가 코를 통과해서 나는 콧소리입니다.

ㅂ : 두 입술이 붙었다 떨어지면서 나는 소리입니다. [p]와 비슷한 소리입니다. 'ㅁ'처럼 두 입술이 붙었다 떨어지면서 나는 소리이지만 'ㅁ'은 공기가 코를 통과해서 나오고 'ㅂ'은 입술로 나옵니다. 'ㅂ'은 모음 사이에 오면 [b]와 비슷한 소리로 발음됩니다.

ㅅ : 혀끝이 입천장에 아주 가까이 가지만 닿지 않은 채 나는 소리입니다. [s]와 비슷한 소리입니다. 입 안의 공기가 혀와 입천장 사이의 아주 좁은 길을 지나게 됩니다. 'ㅅ'은 모음 'ㅣ, ㅑ, ㅕ, ㅛ, ㅠ'와 같이 쓰일 때는 [sh]와 비슷한 소리로 발음됩니다.

ㅇ : 모음 앞에서는 음가가 없기 때문에 소리가 나지 않습니다. 받침으로 쓰일 때는 [ng]과 비슷한 소리로 발음됩니다. 받침 p.45

ㅈ : 혀를 앞쪽 입천장에 붙였다가 조금 떼서 좁은 틈으로 공기가 나가게 합니다. [ch]와 비슷한 소리입니다. 혀끝이 잇몸에 닿지 않게 발음합니다. 'ㅈ'은 모음 사이에 오면 [j]와 비슷한 소리로 발음됩니다.

ㅊ : 혀를 앞쪽 입천장에 힘주어 붙였다가 조금만 떼서 좁은 틈으로 공기가 나가게 합니다. 'ㅈ'보다 입에서 바람이 많이 나옵니다.

ㅋ : 혀 뒷부분을 올려 입천장 뒤쪽을 오래 힘주어 막았다가 떼면서 소리를 냅니다. 이때 바람이 세게 나오도록 합니다. 'ㄱ'보다 입에서 바람이 많이 나옵니다.

ㅌ : 혀끝으로 윗니의 뒤쪽을 오래 힘주어 막았다가 떼면서 소리를 냅니다. 이때 바람이 세게 나오도록 합니다. 'ㅌ'은 'ㄷ'보다 입에서 바람이 많이 나옵니다.

ㅍ : 두 입술이 붙었다 떨어지면서 나는 소리입니다. 'ㅂ'보다 입술을 힘주어 막았다가 떼면서 바람이 세게 나오도록 발음합니다. 'ㅂ'보다 입에서 바람이 많이 나옵니다.

ㅎ : 목구멍에서 공기를 내보내면서 내는 소리입니다. [h]와 비슷한 소리입니다. 공기가 입 안에서 방해 없이 입 밖으로 나오면서 나는 소리입니다.

> **Wait!**
> - 'ㄱ, ㅋ'은 혀 뒷부분을 올려 입천장 뒤쪽을 막았다가 떼며 소리를 내는데 소리의 세기가 다릅니다.
> - 'ㄴ, ㄷ, ㅌ'은 혀끝을 윗니의 뒤쪽에 살짝 대었다가 떼며 소리를 내는데 소리의 세기가 다릅니다.
> - 'ㅁ, ㅂ'은 두 입술을 가볍게 붙였다 뗍니다.
> - 'ㅅ, ㅈ, ㅊ'은 혀와 입천장 사이의 좁은 틈으로 공기를 내보냅니다.
> - 'ㅇ, ㅎ'은 목구멍에서 소리를 냅니다. 'ㅇ'은 받침으로 쓰일 때만 소리가 납니다.
> - 'ㄴ, ㅁ'은 콧소리입니다.

▶ Consonant Blends 겹자음

겹자음은 같은 자음을 두 번 써서 기본 자음보다 강하게 소리가 나는 것을 나타내는 것으로 총 5개가 있습니다. 기본 자음 중에서 'ㄱ, ㄷ, ㅂ, ㅅ, ㅈ'이 이에 해당하며 각각의 강한 소리를 나타낸 'ㄲ, ㄸ, ㅃ, ㅆ, ㅉ'이 겹자음입니다.

ㄲ : 혀 뒷부분을 올려 입천장 뒤쪽을 힘주어 오래 막았다가 떼면서 소리를 냅니다. 'ㄱ'보다 오래 힘을 줍니다. 목에도 힘을 줍니다.

ㄸ : 혀 끝으로 윗니의 뒤쪽을 오래 힘주어 막았다가 떼면서 소리를 냅니다. 'ㄷ'보다 오래 힘을 줍니다. 목에도 힘을 줍니다.

ㅃ : 입술을 오래 힘주어 붙였다가 떼면서 소리를 냅니다. 'ㅂ'보다 입술에 힘을 주어 막았다가 뗍니다. 목에도 힘을 줍니다.

ㅆ : 'ㅅ'보다 혀 끝과 목에 힘을 주고 소리를 냅니다. 두 소리 모두 입 안의 좁은 틈으로 공기가 나옵니다. 목에도 힘을 줍니다.

ㅉ : 혀를 앞쪽 입천장에 조금 더 오래 힘주어 붙였다가 조금만 떼서 좁은 틈으로 공기가 나가게 하면서 소리를 냅니다. 목에도 힘을 줍니다.

> **Wait!**
> 'ㄲ, ㄸ, ㅃ, ㅆ, ㅉ'은 'ㄱ, ㄷ, ㅂ, ㅅ, ㅈ'보다 힘주어 강하게 소리를 냅니다.

▶ **Comparison of the Force behind Consonant Sounds** 자음 소리의 세기 비교

자음 중에는 소리의 세기에 따라서 평음, 경음, 격음의 구별이 있는 자음이 있습니다. 같은 발음 기관을 사용해서 입 안의 같은 위치에서 발음되는 자음들은 그 글자도 비슷한 모양으로 만들어졌습니다. 보통 세기인 평음을 나타내는 글자에 획을 하나 더하면 공기가 많이 나오는 소리인 격음을 나타내는 글자가 되고 평음을 나타내는 글자를 2개 쓰면 강한 소리인 경음을 나타내는 글자가 됩니다. 이렇게 소리를 내는 방법과 소리의 힘에 따라 구별되는 자음은 다음과 같습니다.

평음: ㄱ / ㄷ / ㅂ / ㅅ / ㅈ
경음: ㄲ / ㄸ / ㅃ / ㅆ / ㅉ
격음: ㅋ / ㅌ / ㅍ /   / ㅊ

평음은 발음 기관에서 근육의 마찰이나 긴장 없이 정상 상태를 유지하여 내는 소리로 'ㄱ, ㄷ, ㅂ, ㅅ, ㅈ'이 이에 해당됩니다. 경음은 발음 기관에서 근육을 긴장시켜 공기의 흐름을 막았다가 강하게 소리를 내는 것으로 'ㄲ, ㄸ, ㅃ, ㅆ, ㅉ'이 이에 해당됩니다. 격음은 입에서 밖으로 소리를 낼 때 공기가 마찰을 일으키며 내는 소리로 'ㅋ, ㅌ, ㅍ, ㅊ'이 이에 해당됩니다. 42쪽의 그림과 같이 입에서 나오는 공기의 양이 가장 많은 소리는 격음이고, 그 다음은 평음, 공기의 양이 가장 적은 소리는 경음입니다. 그러므로 'ㅋ, ㅌ, ㅍ, ㅊ'을 발음할 때에는 입에서 바람이 많이 나옵니다. 'ㄲ, ㄸ, ㅃ, ㅆ, ㅉ'을 발음할 때는 'ㄱ, ㄷ, ㅂ, ㅅ, ㅈ'보다 힘을 더 줍니다.

> **발음 Tip!**
>
> ㄱ, ㄷ, ㅂ, ㅈ과 ㅋ, ㅌ, ㅍ, ㅊ:
> 평음 'ㄱ, ㄷ, ㅂ, ㅈ'과 격음 'ㅋ, ㅌ, ㅍ, ㅊ' 모두 발음할 때 공기가 입 밖으로 나오지만 공기의 세기에 차이가 있습니다. 42쪽의 그림처럼 '가, 다, 바, 자'와 '카, 타, 파, 차'를 발음할 때 입술 가까이에 손바닥을 대 보면 손바닥에 닿는 공기의 세기에 차이가 있음을 알 수 있습니다. '카, 타, 파, 차'를 발음할 때 손바닥에 더 많은 공기가 닿습니다.
>
> ㄱ, ㄷ, ㅂ, ㅈ과 ㄲ, ㄸ, ㅃ, ㅉ:
> 경음 'ㄲ, ㄸ, ㅃ, ㅉ'은 평음 'ㄱ, ㄷ, ㅂ, ㅈ'과 달리 발음할 때 목구멍에 힘을 주기 때문에 공기가 입 밖으로 거의 나오지 않습니다. '가, 다, 바, 자'와 '까, 따, 빠, 짜'를 발음할 때 입술 가까이에 손바닥을 대 보면 '가, 다, 바, 자'는 손바닥에 공기가 살짝 닿지만 '까, 따, 빠, 짜'는 손바닥에 공기가 닿지 않는 것을 느낄 수 있습니다.

❸ Final Consonants 받침

한국어는 모음 단독으로 소리를 내거나 모음과 자음이 만나서 소리를 냅니다. 다음과 같이 모음 혼자 소리를 내는 경우, 자음과 모음이 만나서 소리를 내는 경우, 모음과 자음이 만나서 소리를 내는 경우, 자음과 모음과 자음이 만나서 소리를 내는 경우가 있습니다.
'자음 + 모음 + 자음'의 음절 구성에서 모음 다음에 오는 자음을 받침이라고 합니다. 받침의 소리는 [ㄱ], [ㄴ], [ㄷ], [ㄹ], [ㅁ], [ㅂ], [ㅇ], 7개 소리로만 발음되고 받침으로 이 7개 외의 자음이 오면 7개 소리 중 하나의 소리로 바뀝니다.
7개의 받침소리는 모두 발음을 한 후 발음 기관을 닫아서 닫힌 소리로 끝난다는 특징이 있습니다.

[**악**]: (ㄱ, ㄲ, ㅋ) 혀 뒷부분을 올려 입천장에 댄 후 그대로 멈춰서 닫힌 소리로 발음을 끝냅니다. 혀를 입천장에서 떼서 [아크]로 발음하지 않게 주의하고 2음절로 발음되지 않도록 빨리 발음합니다.

[**안**]: (ㄴ) 혀끝이 윗니 뒤쪽 잇몸에 닿은 채 발음을 끝냅니다. 공기가 코로 가면서 발음됩니다.

[**앋**]: (ㄷ, ㅌ, ㅅ, ㅆ, ㅈ, ㅊ, ㅎ) 혀끝이 윗니 뒤쪽 잇몸에 닿습니다. 발음한 뒤 혀를 떼면 [아트]로 발음되지 않게 주의해야 합니다.

[**알**]: (ㄹ) 혀끝을 윗니 조금 뒤쪽에 댄 채로 발음을 끝냅니다. 2음절로 발음되지 않도록 모음을 발음한 후 빨리 'ㄹ'을 발음합니다.

> **Wait!**
> '몰라'와 같이 'ㄹ'이 연달아 나올 때는 'ㄹ'을 하나만 발음하지 않도록 주의하세요.

[**암**]: (ㅁ) 두 입술을 붙인 채로 발음합니다. 공기가 입안이 아니라 코로 가게 됩니다.

[**압**]: (ㅂ, ㅍ) 두 입술을 붙인 채로 발음을 끝냅니다. 입술을 떼면 [아프]로 발음될 수 있으므로 주의해야 합니다.

[**앙**]: (ㅇ) 혀 뒷부분을 올려 입천장에 댄 채 발음을 끝냅니다. 발음 방식이 받침소리 [ㄱ]과 같지만 공기가 입이 아니라 코로 가면서 발음된다는 차이가 있습니다.

▶ **Comparison of the Final Consonant Sounds** 받침소리의 비교

받침소리 [ㄴ]과 [ㅇ], [ㄷ]과 [ㄱ]은 혀의 위치와 입을 벌리는 정도에 주의해서 구별해야 합니다.
[ㄴ]은 혀끝이 윗니 뒤쪽 잇몸에 닿지만 [ㅇ]은 닿지 않아야 하며 혀 뒷부분을 올려 입천장에 대야 합니다. [ㅇ]이 [ㄴ]보다 입이 더 많이 벌어집니다.
[ㄷ]과 [ㄱ]의 경우도 마찬가지로 [ㄷ]은 혀끝이 윗니 뒤쪽 잇몸에 닿도록 발음하지만 [ㄱ]은 닿지 않으며 혀 뒷부분을 올려 입천장에 대야 합니다. [ㄱ]이 [ㄷ]보다 입이 더 많이 벌어집니다.

▶ **Final Double Consonants** 겹받침

음절 끝에 두 개의 자음이 함께 있는 겹받침이 올 수 있는데 한국어의 받침소리는 하나의 자음만 발음되므로 두 개의 자음 중 하나만 받침소리가 됩니다. 겹받침 'ㄳ, ㄵ, ㄶ, ㄽ, ㄾ, ㅀ, ㅄ'은 단어 끝이나 자음 앞에서는 각각 겹받침에서 앞쪽에 있는 [ㄱ], [ㄴ], [ㄹ], [ㅂ]으로 발음됩니다. 겹받침 'ㄺ, ㄻ, ㄿ'은 뒤쪽에 있는 [ㄱ], [ㅁ], [ㅂ]으로 발음됩니다.

> **Wait!**
> • '앉대[안따]'처럼 겹받침 뒤에 'ㄱ, ㄷ, ㅅ, ㅈ'이 오면 [ㄲ], [ㄸ], [ㅆ], [ㅉ]으로 발음됩니다. 경음화 p.76
> • 겹받침은 받침에 있는 두 자음 중 하나만 발음되고 하나는 발음이 되지 않지만 'ㄶ, ㅀ'과 같이 'ㅎ'이 있는 겹받침은 예외입니다. 받침 뒤에 'ㄱ, ㄷ, ㅈ'이 올 경우 '많대[만타]'와 같이 앞의 자음뿐만 아니라 뒤의 자음인 'ㅎ'도 'ㄱ, ㄷ, ㅈ'과 만나 [ㅋ], [ㅌ], [ㅊ]으로 발음됩니다. 격음화 p.62

겹받침 중 'ㄺ'과 'ㄼ'의 발음은 다음과 같이 예외가 있습니다.
겹받침 'ㄺ'은 받침에서 뒤쪽에 있는 [ㄱ]으로 발음되고 '닭'과 같은 명사는 예외 없이 [ㄱ]으로 발음됩니다. 그러나 동사나 형용사는 뒤에 오는 자음에 따라 예외가 생깁니다. 받침 다음에 오는 자음이 'ㄱ'일 때는 [ㄱ]이 아니라 받침에서 앞쪽에 있는 [ㄹ]로 발음됩니다.
겹받침 'ㄼ'은 단어에 따라 예외가 생깁니다. 원래 'ㄼ'은 앞쪽에 있는 [ㄹ]이 발음되지만 '밟다, 넓죽하다, 넓둥글다, 넓적하다'는 뒤에 있는 [ㅂ]으로 발음됩니다.

④ Liaison 연음

받침으로 소리가 끝나거나 받침 뒤에 자음이 올 때 받침의 소리는 [ㄱ], [ㄴ], [ㄷ], [ㄹ], [ㅁ], [ㅂ], [ㅇ], 7개 소리로만 발음됩니다. 그러나 받침 뒤에 모음으로 시작된 조사, 어미, 접미사가 오는 경우에는 받침으로 쓰인 자음의 원래 소리가 그대로 뒤 음절 첫소리로 옮겨 발음됩니다.

(예) 옷 [옫]   옷이 [오시]

겹받침의 경우는 받침으로 끝나거나 겹받침 뒤에 자음이 오면 받침이 되는 두 자음 중 하나만 받침소리가 됩니다. 그러나 겹받침 뒤에 모음이 뒤에 오면 받침이 되는 두 자음 중 앞의 것은 받침으로 발음되고 뒤의 것은 뒤 음절 첫소리로 옮겨 발음됩니다.

(예) 읽다 [익따]   읽어요 [일거요]

> **Wait!**
> • 'ㅎ'은 모음을 만나면 발음이 탈락되기 때문에 이 경우에 발음되지 않습니다.
> 좋은 [조흔] (X)   ㅎ발음 탈락 p.70

> **Wait!**
> • 겹자음 'ㄳ, ㄽ, ㅄ'의 'ㅅ'은 경음 [ㅆ]으로 발음됩니다.
> 없어요 [업서요] (X)   경음화 p.76

> **Wait!**
> • 받침 'ㅇ'은 뒤 음절 첫소리로 옮겨 발음되지 않고 받침소리 [ㅇ]으로 그대로 발음됩니다.
> (예) 한강에서 [한강에서]   종이 [종이]
> • '음악[으막], 일요일[이료일]'과 같은 한자어도 연음되고 '원, 월, 일, -인분'과 같은 단위 명사도 '천 원[처눤]', 1월 11일[이뤌시비릴], 3인분[사민분]'과 같이 연음됩니다.

▶ **A Note of Caution for Liaison** 연음에서 주의할 점

연음 규칙은 받침 다음에 모음으로 시작된 조사, 어미, 접미사가 오는 경우에만 적용되기 때문에 모음으로 시작된다고 해도 조사, 어미, 접미사가 아닌 단어일 때는 적용되지 않습니다. 받침 뒤에 모음 'ㅏ, ㅓ, ㅗ, ㅜ, ㅟ'로 시작되는 실질 형태소(단어)가 연결되는 경우에 받침 규칙에 따라 받침이 7개의 발음 중 하나로 바뀌고 뒤 음절 첫소리로 옮겨 발음됩니다.

(예) 옷이 [오시]   옷 안 [옫 | 안] → [오단] (O) [오산] (X)

> **Wait!**
> '맛있다, 멋있다'의 발음은 규칙에 따르면 [마딛따], [머딛따]가 되지만 [마싣따], [머싣따]로도 발음할 수 있습니다.

Part II
PRONUNCIATION RULES

① Aspirated Consonants 격음화

축하: '축'의 받침 'ㄱ'과 '하'의 'ㅎ'이 만나서 두 자음이 [ㅋ]으로 발음됩니다. 다음과 같은 경우에 'ㄱ, ㄷ, ㅂ, ㅈ'이 [ㅋ], [ㅌ], [ㅍ], [ㅊ]으로 발음됩니다.

(1) 받침 'ㅎ, ㄶ, ㅀ' 뒤에 'ㄱ, ㄷ, ㅈ'이 오면 'ㄱ, ㄷ, ㅈ'은 'ㅎ'과 만나 [ㅋ], [ㅌ], [ㅊ]으로 발음됩니다.

(2) 받침 'ㄱ, ㄺ, ㄷ, ㅂ, ㄼ, ㅈ, ㄵ' 뒤에 'ㅎ'이 오면 'ㄱ, ㄷ, ㅂ, ㅈ'은 'ㅎ'과 만나 [ㅋ], [ㅌ], [ㅍ], [ㅊ]으로 발음됩니다.

> **Wait!**
> 받침 'ㅈ'은 '꽂히다'와 같이 한 단어 안에서는 'ㅈ'과 'ㅎ'이 만나서 [ㅊ]으로 발음되지만 '낯'과 같은 명사는 받침 'ㅈ'이 받침소리 [ㄷ]으로 바뀐 후 'ㅎ'을 만나서 [ㅌ]으로 발음됩니다.
> (예) 꽂히다 [꼬치다]   낯하고 [나타고]

(3) 받침 'ㅅ, ㅈ, ㅊ, ㅌ'은 받침소리 [ㄷ]으로 바뀐 후 'ㅎ'과 만나서 [ㅌ]으로 발음됩니다.

② Elimination of ㅎ Pronunciation ㅎ발음 탈락

괜찮아요: '찮'의 받침 'ㅎ'과 모음이 만났기 때문에 'ㅎ'이 발음되지 않습니다. 다음과 같은 경우에 'ㅎ'은 발음되지 않습니다.

(1) 받침 'ㅎ, ㄶ, ㅀ' 뒤에 모음이 오면 'ㅎ'은 발음되지 않습니다.

(2) 받침 'ㄶ, ㅀ' 뒤에 'ㄴ'이 오면 'ㅎ'은 발음되지 않습니다.

> **Wait!**
> 잃는 [알른]: 'ㅎ' 발음이 사라지고 'ㄹ'과 'ㄴ'이 만나 'ㄴ'의 발음이 'ㄹ'로 바뀝니다.   유음화 p.112

> **참고: ㅎ 약화**
> 받침 'ㄴ, ㄹ, ㅁ, ㅇ' 뒤에 'ㅎ'이 올 경우 'ㅎ' 발음은 사라지지 않는 게 맞지만 현실 발음에서는 'ㅎ'의 발음을 약하게 하거나 하지 않기도 합니다.
> (예) 은행 [은행]/[으냉]   전화 [전화]/[저놔]   결혼 [결혼]/[겨론]
> 실행 [실행]/[시랭]   남행 [남행]/[나맹]   범행 [범행]/[버맹]
> 영향 [영향]/[영양]   공항 [공항]/[공앙]

③ Fortis Articulation 경음화

식당: '식'의 받침 'ㄱ'과 '당'의 'ㄷ'이 만났기 때문에 'ㄷ'이 [ㄸ]으로 발음됩니다. 아래와 같은 경우에 'ㄱ, ㄷ, ㅂ, ㅅ, ㅈ'이 경음 [ㄲ], [ㄸ], [ㅃ], [ㅆ], [ㅉ]으로 발음됩니다.

(1) 받침소리 'ㄱ, [ㄷ], [ㅂ]으로 발음되는 받침 'ㄱ(ㄲ, ㅋ, ㄳ, ㄺ), ㄷ(ㅅ, ㅆ, ㅈ, ㅊ, ㅌ), ㅂ(ㅍ, ㄼ, ㄿ, ㅄ)' 뒤에 오는 'ㄱ, ㄷ, ㅂ, ㅅ, ㅈ'은 [ㄲ], [ㄸ], [ㅃ], [ㅆ], [ㅉ]으로 발음됩니다.

> **Wait!**
> 겹받침 'ㄺ'은 '읽지[익찌]'처럼 받침이 [ㄱ]으로 발음될 때뿐만 아니라 '읽고[일꼬]'처럼 받침이 [ㄹ]로 발음될 때도 뒤에 오는 'ㄱ'이 경음화가 됩니다. 'ㄺ'발음은   받침 p.45

(2) 형용사나 동사의 어간 받침 'ㄴ(ㄵ), ㅁ(ㄻ), ㄼ, ㅌ' 뒤에 오는 'ㄱ, ㄷ, ㅅ, ㅈ'은 [ㄲ], [ㄸ], [ㅆ], [ㅉ]으로 발음됩니다

> **Wait!**
> 피동, 사동의 접사 '-기-'는 'ㄴ(ㄵ), ㅁ(ㄻ)' 뒤에 오더라도 경음 [ㄲ]로 발음되지 않습니다. '안기다, 신기다, 감기다, 남기다, 굶기다, 옮기다'에서 '기'는 [기]로 발음해야 합니다.

(3) 받침 'ㅎ, ㄶ, ㅀ' 뒤에 'ㅅ'이 오면 'ㅅ'이 [ㅆ]으로 발음됩니다.

> **Wait!**
> 받침 'ㅎ, ㄶ, ㅀ' 뒤에 'ㅅ'이 올 때만 경음 [ㅆ]으로 발음되고 'ㄱ, ㄷ, ㅈ'이 오면 경음이 아니라 격음 [ㅋ], [ㅌ], [ㅊ]으로 발음됩니다.
> 격음화 p.62

Preparations for Reading

▶ **Pausing within Sentences and Reading Speed**
끊어 읽기와 낭독 속도

끊어 읽기

아버지가 / 방에 / 들어 가신다.   아버지 / 가방에 / 들어 가신다

위의 두 문장은 '/' 표시가 있는 부분에서 끊어서 읽으면 전혀 다른 의미가 됩니다. 문장을 소리 내서 읽을 때는 정확한 발음도 중요하지만 적절한 끊어 읽기도 중요합니다. 낭독하는 사람이 의미를 생각하면서 붙여서 읽을 곳과 끊어서 읽을 곳을 구분해서 읽어야 듣는 사람에게 제대로 전달됩니다.

낭독할 때는 의미를 기준으로 하기 때문에 끊는 곳이 띄어쓰기와 차이가 생깁니다. 글로 쓸 때는 띄어 쓰더라도 읽을 때 그대로 읽으면 어색하고 붙여 읽어야 의미 전달이 잘 되고 자연스러운 곳이 있습니다. 그리고 띄어쓰기대로 읽으면 발음에도 차이가 생깁니다. 붙여 읽으면 발음이 변화하는 곳이 있기 때문에 붙여서 읽을 곳과 끊어서 읽을 곳을 틀리면 발음이 어색해집니다.

끊어 읽는 횟수와 끊어 읽는 위치는 문장의 길이와 읽는 속도에 따라 달라집니다. 문장의 구조, 강조하는 내용 등에 따라서도 달라집니다. 이처럼 끊어 읽기는 여러 가지에 영향을 받기 때문에 규칙화하기는 어렵지만 일반적으로 다음과 같은 곳에서 끊어서 읽거나 붙여서 읽습니다.

- 문장이 끝나는 곳과 문장 중에 쉼표(,)가 있는 곳에서는 끊어 읽습니다.
  (예) 과일, 녹차, 커피, 초콜릿 등을 사용합니다.

- 주어 뒤에서 끊어서 읽습니다. 주어 앞에 꾸미는 말이 있는 경우에는 주어와 함께 붙여서 읽습니다.
  (예) 팥빙수는 / 여름날 더위를 잊게 하는 음식입니다.
     한국을 방문한 외국인들이 / 빙수 전문점을 즐겨 찾고 있습니다.

- 띄어 쓰지만 붙여서 읽어야 의미가 잘 전달되는 곳은 붙여서 읽습니다.
  (예) 추운 겨울에도 먹을 수 있습니다.
     인기가 많아서 그런가 봐요.
     일이 많아서 힘들었을 것 같다.

- 조사가 생략되면 붙여 읽는 것이 자연스럽습니다.
  (예) 한복 파는 가게가 많아요.
     버스 타고 30분 정도 가야 해요.

- 문장이 길 때는 의미에 맞게 연결어미 뒤에서 끊어 읽습니다.
  (예) 과거에는 얼음과 팥이 주재료였지만 / 시대의 흐름에 발맞추어 / 다양한 재료를 사용한 빙수가 등장해서 / 사람들의 입맛을 사로잡고 있습니다.

- 의미 차이가 생길 수 있는 곳은 꾸미는 말과 꾸밈을 받는 말을 알 수 있게 붙여 읽거나 끊어 읽습니다.
  (예) 키가 큰 선배의 / 친구가 나에게 인사했다.
     키가 큰 / 선배의 친구가 나에게 인사했다.

가 어느 정도인지, 어떤 종류의 글인지, 내용이 얼마나 어려운 글인지 등에 따라 속도가 달라질 수 있습니다. 그리고 글을 낭독하는 사람이 낭독하기 전에 글의 내용을 알고 있는지, 연습을 한 후에 낭독하는지에 따라서도 속도가 달라집니다. 다음 장 Reading Practice에는 성우가 내용이 잘 전달될 수 있는 속도로 자연스럽게 낭독한 시간이 표시되어 있습니다. 낭독 시간을 참고해서 적절한 속도로 읽는 연습을 하시기 바랍니다.

▶ **Characteristics of Colloquial Speech and Realistic Pronunciation**
구어체의 특징과 현실 발음

자연스럽게 말하는 연습을 하기 위해 다음 장 Reading Practice에는 글뿐만 아니라 혼자 말을 이어가거나 두 사람이 대화하는 상황이 나옵니다. 구어체에는 문어체와 다른 특징들이 있습니다. 줄여서 말하기도 하고 조사를 생략하는 경우가 많습니다. 문어체에 비해 짧고 간단한 문장을 많이 사용하며 완벽한 문장으로 말하지 않고 구나 절로 끝내기도 합니다. 방금 말한 내용에 설명을 덧붙이거나 말한 내용을 수정하는 경우도 많습니다.

구어체에서는 표준 발음은 아니지만 실제로 사람들이 사용하는 현실적인 발음들이 나타납니다. 이런 발음을 알고 있다면 학습자가 한국인의 발화를 들을 때 의미를 쉽게 이해하고 원활한 의사소통을 할 수 있습니다. 한국인의 발화에 나타나는 현실 발음으로는 다음과 같은 것들이 있습니다.

- 조사나 어미에 있는 'ㅗ'를 'ㅜ'로 발음합니다.
  (예) 친구하고 영화 봤어. → 친구하구 영화 봤어.
     사람이 너무 많더라고요. → 사람이 너무 많더라구요.

- 어미 '아'를 '애'로 발음합니다.
  (예) 많이 아픈 거 같아. 빨리 낫기 바라.
     → 많이 아픈 거 같애. 빨리 낫기 바래.

- 같은 모음이 반복될 때 소리를 축약해서 발음합니다.
  (예) 감기 거의 다 나았어. → 감기 거의 다 났어.
     그 영화 진짜 재미있어. → 그 영화 진짜 재밌어.

- '-(으)려고'의 '려' 앞에 'ㄹ'을 첨가해서 발음합니다.
  (예) 친구 만나려고 기다리고 있어.
     → 친구 만날려고 기다리고 있어.

- 받침을 다른 발음으로 바꿔서 연음합니다.
  (예) 부엌에서 사과 좀 가져와.
     [부어케서] → [부어게서]
  (예) 무릎이 좀 아파요.
     [무르피] → [무르비]
  (예) 여기는 꽃이 많네.
     [꼬치] → [꼬시]

▶ **Phonetic Transcription** 발음의 표기

자연스럽고 유창한 낭독을 위해서 다음 장 Reading Practice에서는 다음과 같이 발음을 표기했습니다.

- 받침 'ㄴ, ㄹ, ㅁ, ㅇ' 뒤에 'ㅎ'이 올 경우 'ㅎ' 발음이 사라지지 않는 것이 맞지만 실제로 발음할 때는 'ㅎ'을 약하게 발음하거나 하지 않기도 합니다. 이런 경우 '결혼[결혼/겨론]'과 같이 두 가지를 모두 표기했습니다.

- 받침소리 [ㄷ]으로 발음되는 받침 'ㄷ(ㅅ, ㅆ, ㅈ, ㅊ, ㅌ)' 뒤에 'ㅅ'이 오면 [ㅆ]으로 발음됩니다. 그러나 실제로 발음할 때는 [ㅆ] 앞의 [ㄷ]이 발음되지 않기 때문에 이런 경우 '있습니다[읻씀니다/이씀니다]'와 같이 두 가지를 모두 표기했습니다.
- '-거든요, -(으)ㄹ걸요'의 발음은 [-거드뇨], [-(으)ㄹ꺼료]로 발음하는 것보다 '요' 앞에 'ㄴ'을 첨가하여 발음하는 것이 일반적이기 때문에 '가거든요[가거든뇨], 갈걸요[갈껄료]'와 같이 표기했습니다. '-(으)ㄹ걸요'에서 '요'의 발음이 [료]인 것은 '요'에 'ㄴ'이 첨가되어 [뇨]가 된 후 '걸'의 받침 'ㄹ'의 영향을 받아서 [-(으)ㄹ걸료]로 바뀌었기 때문입니다.

▶ Intonation 억양

억양은 문법에서도 중요한 역할을 하지만 의사소통에서도 중요한 기능을 합니다. 예를 들어 "집에 가요."라는 말은 억양에 따라 말하는 사람이 집에 간다는 사실을 말하는 평서문이 될 수도 있고 듣는 사람에게 집에 가는지를 묻는 의문문이 될 수도 있습니다. 또한 "영화 볼걸."이라는 말은 억양에 따라 말하는 사람이 영화를 보지 않아 후회하거나 아쉽다는 것을 나타낼 수도 있고 말하는 사람이 다른 사람이 영화를 보고 있을 것이라는 추측을 나타낼 수도 있습니다. 이처럼 억양은 말하는 사람의 메시지와 의도를 전달하기 위한 중요한 요소 중의 하나입니다.
먼저 문장 유형에 나타나는 억양을 살펴보면 다음과 같습니다.

평서문
평서문은 억양이 내려갑니다.

의문문
의문문의 억양은 그 종류에 따라 달라집니다. 의문문의 종류는 크게 의문사가 없는 의문문과 의문사가 있는 의문문으로 나눕니다. 그리고 의문사가 있는 의문문은 다시 그 의미에 따라 판정 의문문과 설명 의문문으로 나눌 수 있습니다.

- **의문사가 없는 의문문**
  의문사가 없는 의문문은 억양이 올라갑니다.
- **의문사가 있는 의문문**
  (1) 설명 의문문: 의문사가 있는 의문문 중 설명 의문문은 상대방에게 필요한 정보를 묻는 의문문으로 의문사가 사용된 부분이 문장 끝보다 더 올라갑니다.
  (2) 판정 의문문: 의문사가 있는 의문문 중 판정 의문문은 상대방에게 어떤 일을 하는지 안 하는지 물을 때의 의문문으로 상대방은 '네, 아니요'로 대답을 하게 됩니다. 억양은 의문사가 없는 의문문과 비슷하게 올라갑니다.

청유문
청유문은 평서문처럼 억양이 내려갔다가 끝이 약간 올라갑니다.

명령문
명령문은 평서문과 같이 억양이 내려가는데 마지막 음절을 짧게 말합니다.

다음으로 연결어미가 종결어미로 쓰일 때는 같은 문형이라도 억양에 따라 의미가 달라지는 경우가 있습니다.

-거든
(1) 이유
  가: 오늘 모임에 못 갈 거 같아.
  나: 왜?
  가: 일이 다 안 끝났거든.

(2) 배경 (이야기를 계속 진행하는 경우)
  가: 어제 오랜만에 친구 만났거든. 걔가 재미있는 말을 하더라.
  나: 그래? 무슨 얘기?
(3) 확신과 강조
  가: 너 또 숙제 안 했지?
  나: 했거든.

세 경우 모두 평서문이지만 억양에 따라 그 의미가 달라집니다. (1)과 같이 이유를 나타내는 경우에는 억양이 내려가고 (2)와 같이 이야기가 계속 진행될 것을 알리는 경우와 (3)과 같이 확신, 강조를 나타내는 경우에는 모두 억양이 올라갑니다. 그러므로 상황에 따라 억양에 유의해서 말해야 합니다.

-는데
(1) 대조
  가: 매운 음식 잘 먹어요?
  나: 아니요, 잘 못 먹어요. 가족들은 다 잘 먹는데.
(2) 의외, 놀람
  가: 이거 네가 그린 거야?
  나: 응. 왜?
  가: 오, 잘 그리는데.
(3) 배경 (이야기를 계속 진행하는 경우)
  가: 어제 명동에 갔는데요. 거기서 드라마 촬영을 하더라고요.
  나: 그래요? 재미있었겠네요.

(1), (2), (3) 모두 문장은 평서문이지만 억양이 올라가는지 내려가는지에 따라서 그 의미가 달라집니다. (1)과 같이 대조의 의미를 나타내는 경우에는 억양이 내려가고 (2)와 같이 의외와 놀람을 나타내거나 (3)과 같이 이야기가 계속 진행될 것을 알리는 경우에는 억양이 올라갑니다.

-을 텐데
(1) 추측
  가: 민수 집에 전화했는데 전화를 안 받아.
  나: 그래? 이 시간에 보통 집에 있을 텐데.
(2) 아쉬움, 후회
  가: 이번 휴가 때 제주도 같이 갈래?
  나: 회사 일이 바빠서 휴가는 못 낼 거 같아.
  가: 그래? 같이 갈 수 있으면 좋을 텐데.

(1), (2) 모두 문장은 평서문이지만 억양이 올라가는지 내려가는지에 따라서 그 의미가 달라집니다. (1)과 같이 추측의 의미를 나타내는 경우에는 억양이 올라가고 (2)와 같이 아쉬움과 후회를 나타내는 경우에는 억양이 내려갑니다.

-을걸
(1) 추측
  가: 민수가 이거 좋아할까?
  나: 좋아할걸.
(2) 아쉬움, 후회
  가: 오늘 단어 시험을 본대.
  나: 미리 공부 좀 할걸.

(1), (2) 모두 문장은 평서문이지만 억양이 올라가는지 내려가는지에 따라서 그 의미가 달라집니다. (1)과 같이 추측의 의미를 나타내는 경우에는 억양이 올라가고 (2)와 같이 아쉬움과 후회를 나타내는 경우에는 억양이 내려갑니다.

Counting Nouns 단위 명사

▶ 개 Unit

1개	한 개
2개	두 개
3개	세 개
4개	네 개
5개	다섯 개 [다섣깨]
6개	여섯 개 [여섣깨]
7개	일곱 개 [일곱깨]
8개	여덟 개 [여덜깨]
9개	아홉 개 [아홉깨]
10개	열 개 [열깨]
12개	열두 개 [열뚜개]
13개	열세 개 [열쎄개]
14개	열네 개 [열레개]
15개	열다섯 개 [열따섣깨]
16개	열여섯 개 [열려섣깨]
18개	열여덟 개 [열려덜깨]
100개	백 개 [백깨]

▶ 명 Person

1명	한 명
2명	두 명
3명	세 명
4명	네 명
5명	다섯 명 [다선명]
6명	여섯 명 [여선명]
7명	일곱 명 [일곰명]
8명	여덟 명 [여덜명]
9명	아홉 명 [아홈명]
10명	열 명
12명	열두 명 [열뚜명]
13명	열세 명 [열쎄명]
14명	열네 명 [열레명]
15명	열다섯 명 [열따선명]
16명	열여섯 명 [열려선명]
18명	열여덟 명 [열려덜명]
100명	백 명 [뱅명]

색인

ㄱ
격음화 aspirated consonants — 62
겹받침 final double consonants — 49
겹자음 consonant blends — 39
경구개 hard palate — 14
경음화 fortis articulation — 76
교체 substitution — 18
구강 oral cavity — 14
구개음화 palatalization — 86
기관 windpipe — 14
기본 자음 basic consonants — 34

ㄴ
ㄴ첨가 addition of ㄴ — 120

ㄷ
단모음 monophthongs — 21, 22, 23, 24
모음 vowels — 15, 20
목젖 uvula — 14

ㅂ
발음 기관 speech organs — 14
비강 nasal cavity — 14
비음화 nasalization — 92, 100, 106

ㅅ
성대 vocal cords — 14
식도 esophagus — 14

ㅇ
연구개 soft palate — 14
연음 liaison — 53, 58
유음화 liquidization — 112, 119
음운 변동 phonological alterations — 18
음절 syllable — 17
이중 모음 diphthongs — 26, 27, 28, 29, 30, 31
인두강 pharyngeal cavity — 14
입술 lips — 14

ㅈ
자음 consonants — 16, 33, 34, 35, 36, 41

ㅊ
첨가 insertion — 18
축약 contraction — 18
치경 alveolus — 14

ㅌ
탈락 elision — 18

ㅎ
ㅎ발음 탈락 elimination of ㅎ pronunciation — 70
혀 tongue — 14
후두 larynx — 14
후두개 epiglottis — 14